AF481646

PRIVATE **ÖFFENTLICHKEIT**

*Ein Projekt der Mobilen Städtischen Galerie im Museum Folkwang im öffentlichen Raum
aus Anlass des Stadtjubiläums 2002 »1150 Jahre Stift und Stadt Essen«.*

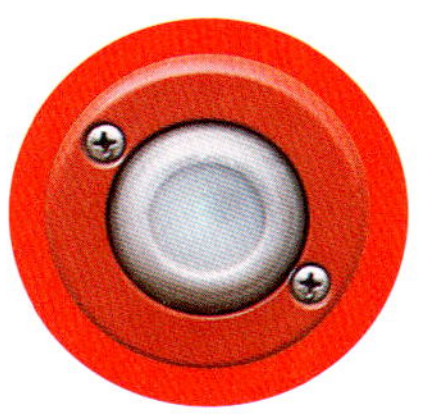

Thomas Bayrle

Guillaume Bijl

Reza Khaeef

Kirsten Krüger

Christiane Möbus

Michael Reiter

Matthias Schamp

Anja Schrey

Kiki Smith

Julia Wirxel

Iskender Yediler

Schüler der Gesamtschule Süd

ZUM AUSSTELLUNGSKONZEPT

Die Abweichung von der klassischen Definition der Begriffe »privat« und »öffentlich« versteht sich als Rahmenbedingung für die Planung der Projekte. Insbesondere die Anlehnung an die modernisierte liberale Gesellschaft und die Verknüpfung mit ihr wird thematisiert. Dadurch werden nicht nur die Begriffe »privat« und »öffentlich« neu definiert, sondern es wird auch die bisherige Abgrenzung zwischen beiden Begriffen fließender.

Die schnellen Verkehrs- und Kommunikationswege haben in Großstädten seit Anfang der 90er Jahre einige Veränderungen des Alltags verursacht. Man beobachtet täglich Szenen wie diese: Junge Menschen sitzen in einem Café. Sie scheinen miteinander zu diskutieren, aber tatsächlich sprechen sie mit ihren Handys kaum hörbar zu anderen. Mütter versuchen, sich mit »klingelnden« Kinderwagen den Gehweg freizumachen, und gleichzeitig sind sie in Telefongespräche vertieft. Während Handybesitzer ihre privaten Äußerungen in der Öffentlichkeit als etwas sehr Privates zur Schau stellen, geht es im Fernsehen bei den inzwischen sehr verbreiteten Talkshows und Real-People-Formaten (wie beispielsweise »Big Brother«) um Exhibitionismus und Veröffentlichung des Privaten.

Dadurch wird Zuhörern des Handygesprächs und Fernsehzuschauern eine Haltung abverlangt, die sich ganz grundsätzlich von traditionellen Gepflogenheiten unterscheidet. Die Philosophin Beate Rössler untersucht diese Gepflogenheiten unter dem Phänomen »Intimitisierung der Öffentlichkeit«. Die hier zu beobachtende Enttabuisierung des Privaten, Privatisierung des einmal öffentlich Gewordenen und die Politisierung des ehemalig Verborgenen zählen zu den wichtigsten Werkstrategien der jungen Generation der zeitgenössischen Kunst.
Das Projekt »Private Öffentlichkeit« reflektiert diese Werkstrategien und präsentiert unterschiedliche Beiträge, die hauptsächlich in öffentlichen Verkehrsmitteln und im Museum Folkwang zu sehen sein werden.

Diese Ausstellung konnte nur mit Hilfe der engagierten Mitarbeit der beteiligten Künstlerinnen und Künstler realisiert werden. Ihnen gilt an erster Stelle mein Dank. Ich danke insbesondere den Sponsoren der Ausstellung: der EVAG, Essen, (im Namen von Herrn Meyer allen Mitarbeiterinnen und Mitarbeitern, insbesondere Herrn Hoffmann), dem Koordinationsbüro des Stadtjubiläums 2002 »1150 Jahre Stift und Stadt Essen« und der Stiftung Kunst und Kultur des Landes NRW, Düsseldorf.

Sehr dankbar bin ich für die hilfreiche Kooperation mit folgenden Instituten und Personen:
Galerie Fricke, Düsseldorf (Frau Fricke)
Gesamtschule Süd (Frau Kensy-Rinas)
Gruga-Park, Essen (Herrn Golbach, Herrn Schultheis)
PaceWildenstein, New York (Frau Patrick und Frau Kirwan)
Heinz Pülke, Geflügelzüchter, Rheda-Wiedenbrück
Veterinäramt Essen (Herrn Dr. van Straaten)

NECMI SÖNMEZ

PRIVATE **ÖFFENTLICHKEIT**

Als die Städtische Galerie im Museum Folkwang mit dem Gedanken einer gemeinsamen Ausstellung im Nahverkehr an die EVAG herantrat, gab es von allen Seiten des Unternehmens Zustimmung. Vor dem Hintergrund der anspruchsvollen wirtschaftlichen Situation der EVAG und dem bevorstehenden Wettbewerb in der Verkehrsbranche mag dies verwundern. Aber vielleicht war es gerade das, was uns bewog, künstlerisches Handeln mit Nahverkehr in Essen zu verbinden.

Für beide Parteien war es im Wortsinn ein Perspektivenwechsel.

Künstler standen vor der Aufgabe, ihre Objekte den Bedingungen der Mobilität zu unterwerfen. Sie lebten damit, dass ihre Kunst im Stundentakt verfügbar war, und dass das Betrachten der Objekte mit einem Ortswechsel einher ging.

Die EVAG war nicht nur Beförderungsmittel, sondern öffentlicher Raum mit besonderem Akzent. Gewissermaßen erfuhr der Fahrgast eine Aufwertung, Ablenkung, Überraschung. Die Fahrkarte wurde zur Eintrittskarte in eine einzigartige Erlebniswelt jenseits kalkulierter Marketingeffekte. Das einem internationalen Publikum die Leistungsfähigkeit des Essener Nahverkehrs nahegebracht wurde, sei hier nur am Rande erwähnt, war aber nicht unwillkommen.

Für die Fahrgäste der EVAG war der Sommer 2002 eine Zeit der unerwarteten Begegnungen, für die Kunst war es der unmittelbare Zugang zu 300.000 Betrachtern pro Tag. Keine schlechte Bilanz und in jeder Hinsicht zur Nachahmung empfohlen.

WOLFGANG MEYER
Vorstand EVAG

KUNST IM ÖFFENTLICHEN RAUM

Seit den sechziger Jahren spielt der gesellschaftliche Begriff der Öffentlichkeit nicht nur in politischen und ökonomischen Debatten eine zentrale Rolle, sondern hat auch in den Bereichen der Kunst, des Urbanismus und der Medien bis hin zum Internet einen wichtigen Stellenwert eingenommen. Demnach kann dieser Terminus aus sehr unterschiedlichen Perspektiven betrachtet und definiert werden; mit dem hier zu verhandelnden Begriff des öffentlichen Raumes ist meist, mehr oder weniger konkret, der städtische Außenraum gemeint (Straßen, Fußgängerzonen, Plätze, Grünanlagen etc.). Dieser Raum erfüllt zahlreiche Funktionen verkehrstechnischer, ökonomischer, sozialer und politischer Art, und er ist im Gegensatz zum privaten Raum frei zugänglich oder sollte dies zumindest sein. – Die zunehmende Privatisierung des öffentlichen Raumes seit den neunziger Jahren schränkt die politische Erfüllung dieser Forderung nach Zugänglichkeit immer mehr ein; siehe zum Beispiel viele Bahnhofshallen in deutschen Großstädten oder einen so signifikanten Ort wie den Potsdamer Platz in Berlin. – Eine weitere, wenn auch höchst spezifische Funktion des städtischen Außenraumes ist die Präsentationsmöglichkeit von zeitgenössischer Kunst. Bereits 1959 wurde auf der II. documenta in Kassel die Platzierung von Skulpturen unter freiem Himmel erprobt. In den achtziger und besonders in den neunziger Jahren haben verschiedenste Kunstprojekte vor allem in den Innenstädten eine geradezu inflationäre Verbreitung gefunden. Städte jeder Größe leisten sich im öffentlichen Raum immer wieder umfangreiche Ausstellungen und Projekte, die nicht nur als wichtige Aspekte urbaner Kultur und Stadtentwicklung angepriesen werden. Denn im Wettbewerb der Städte sind solche Veranstaltungen auch zu einem Mittel der Imagewerbung geworden und somit zu einem entscheidenden Faktor der Standortförderung.

Trifft man in einem urbanen Zusammenhang als BetrachterIn auf eine Präsentation von künstlerischen Arbeiten, so wird aus explizit historischer Sicht bewusst, dass ein konstitutives Merkmal moderner Plastik weitgehend ihre Ortlosigkeit ist. Die Aufhebung der Bindung an einen bestimmten Aufstellungsort war das Resultat des modernistischen Anspruchs auf eine Autonomie der Kunst. Diese Autonomie bedeutete unter anderem die Möglichkeit, ein Kunstwerk aus sich selbst, aus der immanenten Logik seiner Formbeziehungen zu entwickeln und nicht mehr aus den jahrhundertealten Aufgaben und Funktionen religiöser, aristokratischer oder historisch-politischer Repräsentation. Ein Bildhauer wie beispielsweise der Franzose Henri Laurens glaubte in den fünfziger Jahren, die Ortlosigkeit plastischer Kunst im öffentlichen Raum durch die Anbindung an Architektur überwinden zu können. Um 1970 jedoch begannen KünstlerInnen in Nordamerika und Europa, sich verstärkt mit der Platzierung ihrer Arbeiten im Außenraum zu beschäftigen, ohne auf eine Kunst am Bau zu zielen. Die KünstlerInnen favorisierten stattdessen die Form des Projekts und betonten damit den prozessorientierten Charakter ihrer oftmals zeitlich begrenzten Arbeiten. In diesem Zusammenhang können Künstler genannt werden wie zum Beispiel Daniel Buren, Christo, Dan Graham, Richard Long, Walter de Maria, Gordon Matta-Clark, Richard Serra und Robert Smithson. Grundlegend erschien ihnen als Legitimation für ihre künstlerische Praxis im öffentlichen Raum das Konzept der Site specificity (Ortsgebundenheit oder Ortsbezogenheit), das den Kunstbegriff erweitern und gleichzeitig eine Wiederaneignung der öffentlichen Sphäre ermöglichen sollte. Der Anspruch, Kunst nicht nur in den bürgerlich-elitären Museen, sondern auch im öffentlichen, demokratisch gedachten Raum zu platzieren und somit ein größeres oder anderes Publikum zu erreichen, wurde in den siebziger Jahren nicht nur von einem künstlerischen, sondern auch von einem kulturpolitischen Impetus getragen.

Die genannten Künstler beabsichtigten vor allem, das ehemals autonome Werk und seine Sichtbarkeit wieder zu kontextualisieren, das heißt konkret zu verorten. Dieses Konzept der Site specificity war und ist von ganz zentraler Bedeutung für alle Diskussionen über Kunst im öffentlichen Raum. Die Verlagerung vom autonomen Werk auf das ortsspezifische Projekt, von der beweglichen Plastik des Modernismus zur umraumbezogenen Installation oder Intervention, sollte im Sinne der KünstlerInnen nicht zuletzt auch eine Verweigerungshaltung gegenüber dem kommerziellen Warencharakter von Kunst zum Ausdruck bringen und damit eine Kritik an den traditionellen Ausstellungsinstitutionen üben.
Am Beispiel des amerikanischen Künstlers Richard Serra lassen sich sowohl das Prinzip der Site specificity aufzeigen als auch die möglichen Probleme, die dieses mit sich bringen kann.

Für Serra sind vor allem die räumlichen, also formalästhetischen Gegebenheiten und Bezüge des Aufstellungsortes wichtige Bestandteile seiner abstrakten, minimalistischen Arbeiten aus Stahl. Diese architektonische und städtebauliche Ortsbezogenheit kann zu einem generierenden Faktor werden, wie der Künstler 1989 erläuterte: »Das Besondere an ortsgebundenen Arbeiten ist, dass sie für einen bestimmten Platz entworfen wurden und von diesem abhängig und unablösbar sind. Maßstab, Größe und Platzierung der Bestandteile einer Skulptur ergeben sich aus der Analyse der spezifischen Umweltbedingungen des vorgegebenen Kontextes.« Das bedeutet, dass die plastische Arbeit aus ihrem Umfeld entwickelt wird und somit an diesen gebunden ist. Daraus kann eine neue Wahrnehmung des die Skulptur umgebenden Raumes resultieren und gleichzeitig auch eine Neudefinition und symbolische Aufwertung des Ortes.

Serras eigene Erfahrungen haben gezeigt, dass die von ihm betonte Ortsbezogenheit bei seinen Arbeiten nicht zu mehr Verständnis oder Toleranz in der Öffentlichkeit geführt hat als bei einer traditionellen skulpturalen Setzung. Wohl von keinem anderen Bildhauer wurden in den letzten drei Jahrzehnten international so viele Arbeiten im öffentlichen Raum beschmiert, angegriffen, wieder abgebaut oder gar zerstört. Auch wenn es nicht in Serras Absicht liegt, solche Reaktionen hervorzurufen, produzieren andere KünstlerInnen manchmal durchaus bewusst widerspenstige, provokante Arbeiten und nehmen dabei auch gesellschaftliche Konflikte in Kauf. Doch mitunter fallen die nicht immer kalkulierbaren Widerstände heftiger aus als erwartet. Serra scheint in solchen Fällen von vornherein die möglichen Reaktionen des Publikums, das mit seinen Arbeiten konfrontiert wird, nicht immer reflektieren zu wollen, wie er 1982 zu verstehen gab: »Wenn ich ein Projekt für einen öffentlichen Platz plane, einen Platz, den Leute benutzen, überqueren, mache ich mir Gedanken über den Verkehrsfluss. Ich zerbreche mir jedoch nicht den Kopf über die ortsansässige Bevölkerung.« Der Kunsthistoriker Benjamin H. D. Buchloh meinte deshalb: »Es sind andere Werke der gegenwärtigen Generation, welche die idealistische Starrheit von Serras Position überwinden können, indem sie es sich zur Aufgabe machen, Öffentlichkeit und öffentlichen Raum wortwörtlich und konkret zu analysieren.«

Während für Künstler wie Serra der Ort, an dem er agiert, vor allem in seiner formalen Bedeutung ausschlaggebend ist, hat sich die Aufmerksamkeit vieler KünstlerInnen und KritikerInnen seit etwa den späten achtziger Jahren auf eine Ortsbezogenheit gerichtet, in deren Mittelpunkt spezifisch gesellschaftliche Aspekte einer Situation stehen. Dabei können sozialpolitische, historische, institutionsinterne, ökonomische oder ökologische Strukturen auf analytische oder poetische Weise untersucht und dargestellt werden. Auffällig erscheint in diesem Zusammenhang eine spezifische Kunstform, die den Ort der künstlerischen Praxis in einer möglichen funktionalen Bedeutung wahrnimmt: KünstlerInnen entwerfen architektonische Einbauten und skulpturale Möbel wie Stühle, Sitzkissen, Lampen, Bartheken, Clubräume, Kochstellen, Massageplätze, Saunen, Rutschen etc. für Innen- und Außenräume (siehe zum Beispiel Angela Bulloch, Marie-Ange Guilleminot, Carsten Höller, Surasi Kusolwong, Jorge Pardo, Tobias Rehberger, Rirkrit Tiravanija und Andrea Zittel). Es geht diesen KünstlerInnen nicht mehr wie in der Minimal Art der sechziger und siebziger Jahre um eine rezeptionsästhetische, phänomenologische Involvierung der einzelnen BetrachterInnen, sondern um eine soziale und vorwiegend kollektive Involvierung. Eine solche künstlerische Praxis mit ihren Partizipationsangeboten überschneidet sich deutlich mit dem ökonomischen Bereich von Dienstleistungen. Die KünstlerInnen suggerieren somit eine konkrete Relevanz durch vordergründig greifbare Nutzungsmöglichkeiten, die jedoch nur innerhalb vorgegebener Grenzen erlebt werden dürfen. Dabei gelangen die Arbeiten über die bloße Simulation sozialer Realitäten kaum hinaus, wenn man bedenkt, dass außerhalb der musealen Ausstellungsräume Bars, Cafés, Clubs, Küchen, Massageräume und Spielplätze betriebstüchtig vorhanden sind. Zu bedenken ist außerdem, dass diese Art von spektakelhafter Funktionalität nicht von den Bedürfnissen derjenigen ausgeht, die diese »Dienstleistungen« in Anspruch nehmen könnten, sondern letztendlich nur von den Interessen der KünstlerInnen, die sich mit ihren Arbeiten scheinbar um einen direkten gesellschaftlichen Bezug bemühen. Sie beanspruchen eine Designkompetenz und eine soziale Relevanz, ohne jedoch auf ihren gesellschaftlich privilegierten Status als autonome KünstlerInnen verzichten zu wollen.

Von den genannten Positionen unterscheiden sich jene KünstlerInnen, die ihre Kunstpraxis als so genanntes community-orientiertes Angebot aktiver Partizipation und als Anstoß zu kommunikativen Prozessen verstehen. Der Ort künstlerischer Intervention wird hier vorrangig in seiner sozialen Bedeutung wahrgenommen. Sowohl in Nordamerika als auch in Europa ist diese Form von Kunst im öffentlichen Raum seit Mitte der neunziger Jahre zu einem zentralen Thema geworden; in den USA und Canada wird sie als »New Public Art« bezeichnet. Joseph Beuys hatte bereits 1982 mit seiner ökologischen und ortsbezogenen Aktion »7000 Eichen« auf der documenta VII in Kassel eine frühe Form der sozialen Partizipation im öffentlichen Raum erprobt, dabei allerdings im Gegensatz zu den KünstlerInnen der neunziger Jahre noch stark seine subjektzentrierte Rolle als sendungsbewusster, genialischer Künstler betont. In den neunziger Jahren wurde in Projekten mit Installationen, Zeichnungen, Grafiken, Fotografien, mit Ton- und Videodokumentationen und Diskussionsveranstaltungen auf Phänomene aufmerksam gemacht wie Obdachlosigkeit, AIDS, Gentechnologie, Sexismus, Rassismus, ökologische Probleme oder die zunehmende Ökonomisierung und Privatisierung städtischer Außenräume. KünstlerInnen erarbeiteten und präsentierten modellhafte oder konkrete Lösungsansätze in einer kollektiven oder zumindest interaktiven Form (siehe zum Beispiel Clegg & Guttmann, Culture in Action, Mark Dion, Park Fiction, Andrea Fraser, Group Material, Christian Philipp Müller, Martha Rosler, Andreas Siekmann, Stephen Willats, WochenKlausur). Problematisch erscheinen dabei allerdings jene Projekte, die innerhalb der beschriebenen künstlerischen Praxis der Gefahr der bloßen Instrumentalisierung der Produktivität Anderer erliegen: Wenn KünstlerInnen etwa mit Strafgefangenen oder geistig und körperlich Behinderten kooperativ Kunst produzieren, anschließend deren Namen verschweigen und stattdessen nur von »multipler Autorenschaft« sprechen – unter Hervorhebung des eigenen Namens –, dann scheint gerade nicht ein sozialer Effekt das Ziel der Kunst zu sein, sondern lediglich der individuelle Effekt der eigenen Positionierung im Kunstbetrieb durch einen imageträchtigen Produktionsprozess.

Ein Künstler, der den Ort explizit in seiner sozialen Dimension auffasst, ist der Engländer Stephen Willats; seit den sechziger Jahren hat er eine Vielzahl dialogischer und partizipatorischer Strategien entwickelt. Seine prozessorientierten Arbeiten, mit denen er besonders den städtischen Wohnraum und dessen gesellschaftliche Kommunikationsstrukturen kritisch untersucht, entstehen in enger Kooperation etwa mit den BewohnerInnen ausgewählter Wohnsiedlungen und Hochhäuser. Auch am Beispiel des Berliner Künstlers Andreas Siekmann lässt sich anschaulich darlegen, wie sich bei einem ortsspezifischen Projekt dessen soziale Bedeutung manifestieren kann. Der Künstler setzte 1993 mit seinem »Platz der permanenten Neugestaltung« im holländischen Sonsbeek in einer spezifischen Weise auf das Prinzip der Partizipation und nahm dabei zugleich eine grundsätzliche Reflexion der Bedingungen künstlerischer Arbeit im öffentlichen Raum vor. Siekmann recherchierte und erarbeitete in gemeinsamen Diskussionen mit verschiedenen gesellschaftlichen Gruppen für einen ausgewählten Platz in der Innenstadt diverse modellhafte Gestaltungs- und Nutzungsmöglichkeiten. Die EinwohnerInnen wurden in den Prozess der künstlerischen Arbeit einbezogen, wobei Siekmann deren Wünsche, Bedürfnisse und Ängste anhand von differenzierten und komplexen Zeichnungen selbst visualisierte, um die gesellschaftlichen Verhältnisse lesbar und argumentierbar zu machen. Die vom Künstler ausgearbeiteten bildnerischen Ergebnisse der Auseinandersetzung wurden schließlich auf dem Platz in einer Installation der Öffentlichkeit vorgestellt. Die Bevölkerung reagierte wiederum durch verschiedenartige Kommentare auf die Präsentation, womit der kommunikative Prozesscharakter dieses Projekts erneut deutlich wurde.

Die drei dargelegten künstlerischen Auffassungen des Ortes – in einer jeweils formalen, funktionalen und sozialen Dimension – sind in ihrer Erscheinung nicht als historisch linearer Fortschritt zu verstehen. Denn alle drei Konzepte, die unterschiedlichen Funktionen und Bewertungen unterliegen, bestehen mittlerweile nebeneinander und finden je nach gesellschaftspolitischen Voraussetzungen ihre Apologeten und Auftraggeber.

Betrachtet man abschließend das Phänomen von Kunst im öffentlichen Raum kritisch aus einer gesellschaftlichen und explizit pragmatischen Sicht, so lassen sich folgende Beobachtungen machen: In den funktional durchorganisierten und auf Kommunikation angelegten Zeichensystemen des urbanen Lebens mit seinen Verkehrsschildern, Werbetafeln, Leuchtzeichen, Geschäftsnamen und Hinweisschildern wird Kunst häufig keines Blickes gewürdigt. Dies gilt besonders für die seit den achtziger Jahren abfällig als »Drop sculptures« (»Plumpsskulpturen«) bezeichneten Arbeiten, den beliebig positionierten und austauschbaren, meist abstrakten Plastiken, die als bloße Möblierung des städtischen Alltags ihr kulturelles Umfeld reflexionslos ignorieren. – Selbst volkstümliche, figürliche Plastiken, deren Symbolgehalt kollektiv verankert und damit lesbar sein soll, werden in ihrem Charakter als betont gefällige Dekorstücke kaum mehr rezipiert. – »Da das Werk als Kunstwerk nur in dem Maße existiert, in dem es wahrgenommen [...] wird«, wie der Soziologe Pierre Bourdieu bemerkte, entspricht die Nichtbeachtung von Kunst im Außenraum, überspitzt formuliert, ihrer Nichtexistenz. Doch im Gegensatz zu dieser Nichtwahrnehmung oder Ignorierung der künstlerischen Arbeiten lassen sich häufig – wie exemplarisch an Serras ortsspezifischen Arbeiten aufgezeigt wurde – auch Formen aktiven Widerstands beobachten, die eine bewusste Wahrnehmung voraussetzen. Dass zeitgenössische Kunst im öffentlichen Raum immer wieder verspottet, abgelehnt oder sogar beschädigt und zerstört wird, wurde gerade in den siebziger und achtziger Jahren deutlich, als breite kulturpolitische Diskussionen um die Demokratisierung der Kunst geführt wurden. Denn nicht eine explizit an Kunst interessierte Teilöffentlichkeit, sondern ein unspezifisches und unfreiwilliges Publikum wird mit der Kunst im öffentlichen Raum konfrontiert. Die genannten negativen Reaktionen scheinen nicht nur ein Problem der künstlerischen Produktion zu sein, sondern teilweise auch der mangelnden Vermittlung durch die verantwortlichen Auftraggeber, Kulturpolitiker und Kuratoren. Wenn in einem urbanen Zusammenhang Kunst ausgestellt wird, so unterscheidet sich dies grundlegend von den Präsentationsbedingungen in einem musealen Innenraum. Das abgegrenzte Terrain und Bezugssystem des Kunstmuseums versucht, seine Exponate in einen orientierenden Zusammenhang zu stellen und somit auf explizite und sehr spezifische Weise Erfahrungsangebote zu machen, die Wissen, Verständnis und Toleranz fördern können.

Konfrontiert man den städtischen Außenraum mit den gleichen Ansprüchen und Absichten, gerät dies immer noch häufig zu einer kulturpolitischen »Zwangsbeglückung« des Publikums, da die spezifischen Bedingungen des Umfeldes nicht ausreichend berücksichtigt werden.

Das Konzept der Ortsbezogenheit scheint nach wie vor eine grundlegende Bedingung für Kunstpräsentationen im urbanen Zusammenhang zu sein; doch es ist allein noch kein Garant für die positive Bewertung einer künstlerischen Produktion, so dass kritische Diskussionen über Kunst im öffentlichen Raum wohl weiter relevant bleiben.

HUBERTUS BUTIN

Literatur:

Walter Grasskamp (Hg.): Unerwünschte Monumente. Moderne Kunst im Stadtraum, 2. Auflage, München 1992.

Mary Jane Jacob (Hg.): Culture in Action. A public art programm of Sculpture Chicago, Seattle 1995.

Claudia Büttner: Art Goes Public. Von der Gruppenausstellung im Freien zum Projekt im nicht-institutionellen Raum, München 1997.

Klaus Bußmann, Kasper König, Florian Matzner (Hg.): Skulptur. Projekte Münster 1997, Ausst.-Kat. Westfälisches Landesmuseum für Kunst und Kulturgeschichte, Münster, Ostfildern-Ruit 1997.

Hedwig Saxenhuber und Georg Schöllhammer (Hg.): O.K. Ortsbezug: Konstruktion oder Prozess? Materialien, Recherchen und Projekte im Problemfeld »Öffentliche Kunst«, Wien 1998.

Thomas Bayrle

Guillaume Bijl

Reza Khaeef

Kirsten Krüger

Christiane Möbus

Michael Reiter

Matthias Schamp

Anja Schrey

Kiki Smith

Julia Wirxel

Iskender Yediler

Schüler der Gesamtschule Süd

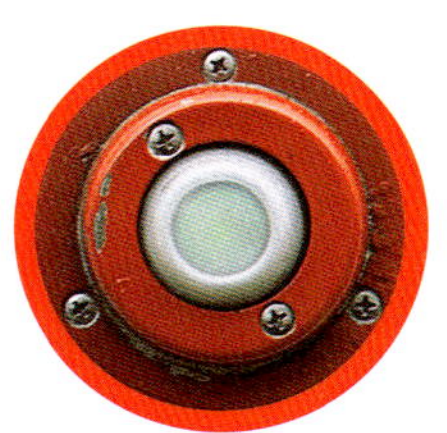

THOMAS BAYRLE ☞ **SCHUMANN 1967 – 2002**

1967 brauchte ich für einen Schuhmann 80 Paar Schuhe. 1968 brauchte ich für einen Mann, der ein Butterbrot ißt, 576 Paar Schuhe ... und für eine Frau, die Kaffee trinkt, brauchte ich 1404 Tassen ... Keine mehr und keine weniger!

Thomas Bayrle

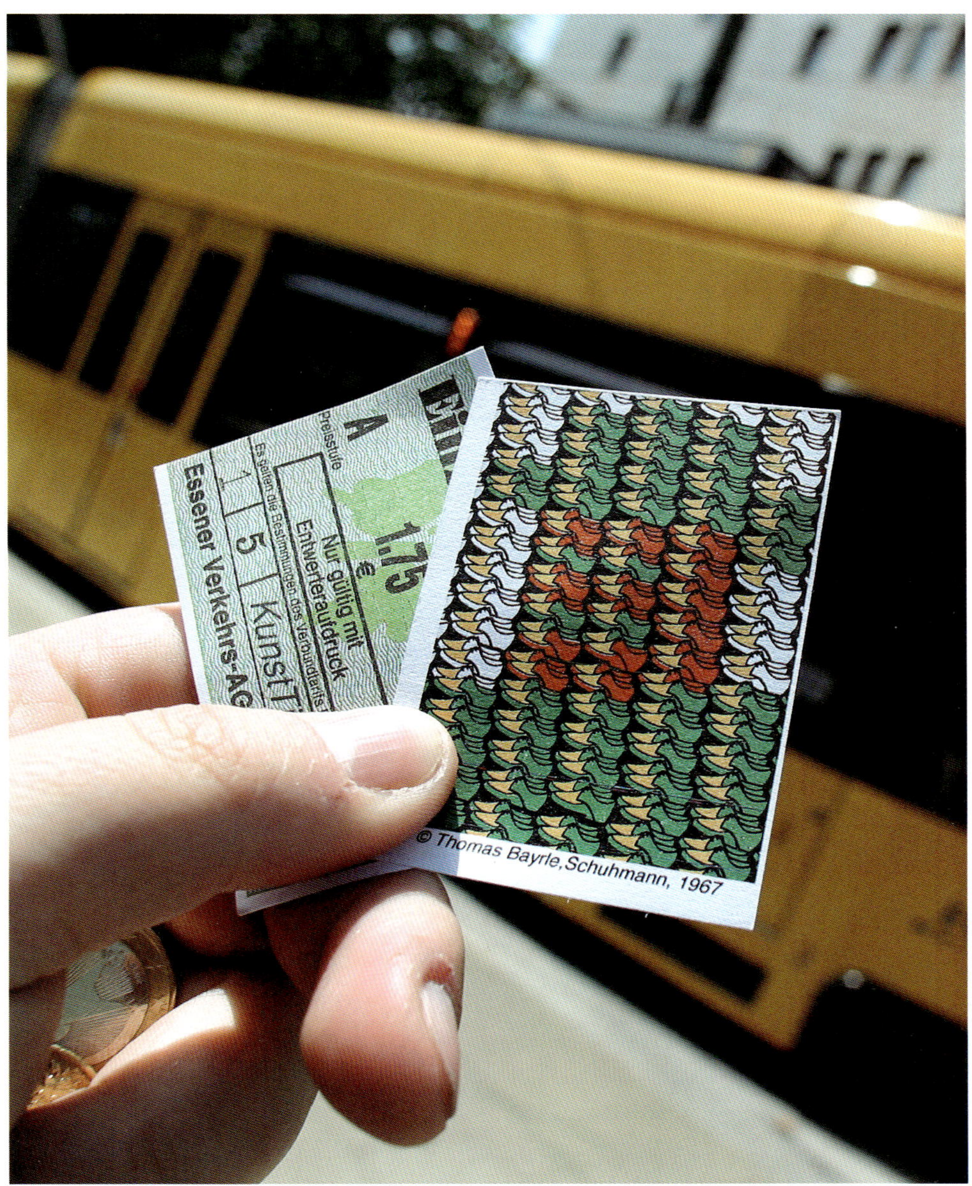

Schumann 1967 – 2002

GUILLAUME BIJL ☞ **VERDACHT**

Guillaume Bijl hatte ein Installationsprojekt im Eingangsbereich des Museums errichten. Die Installation »Verdacht« bestand aus einem rechteckigen Raum, in dem Vitrinen zu sehen waren. Sie präsentierten Alltagsgegenstände so, als ob sie bei einer Hausdurchsuchung als Beweismaterial sichergestellt worden wären.

Der Text im Eingangsbereich des Museum Folkwang lautete:
»Im Jahr 2000 wird ein Mann von seiner Umgebung aus folgenden Gründen als verdächtig emp-funden:
- er kommt oft spät nach Hause, spät in den Nachtstunden, wahrscheinlich betrunken,
- er wird bei verschiedenen linken Demonstrationen im Fernsehen registriert,
- er hat lange Haare und trägt immer Jeans,
- er raucht ununterbrochen, manchmal findet man Zigarettenstummel im Gang,
- er befindet sich regelmäßig in auffallend weiblicher aber auch auffallend männlicher
* Gesellschaft,*
- er hält sich stundenlang im Stadtpark und im Buchladen auf,
- er spielt tagsüber laut Musik von Schwarzen.«

Guillaume Bijl

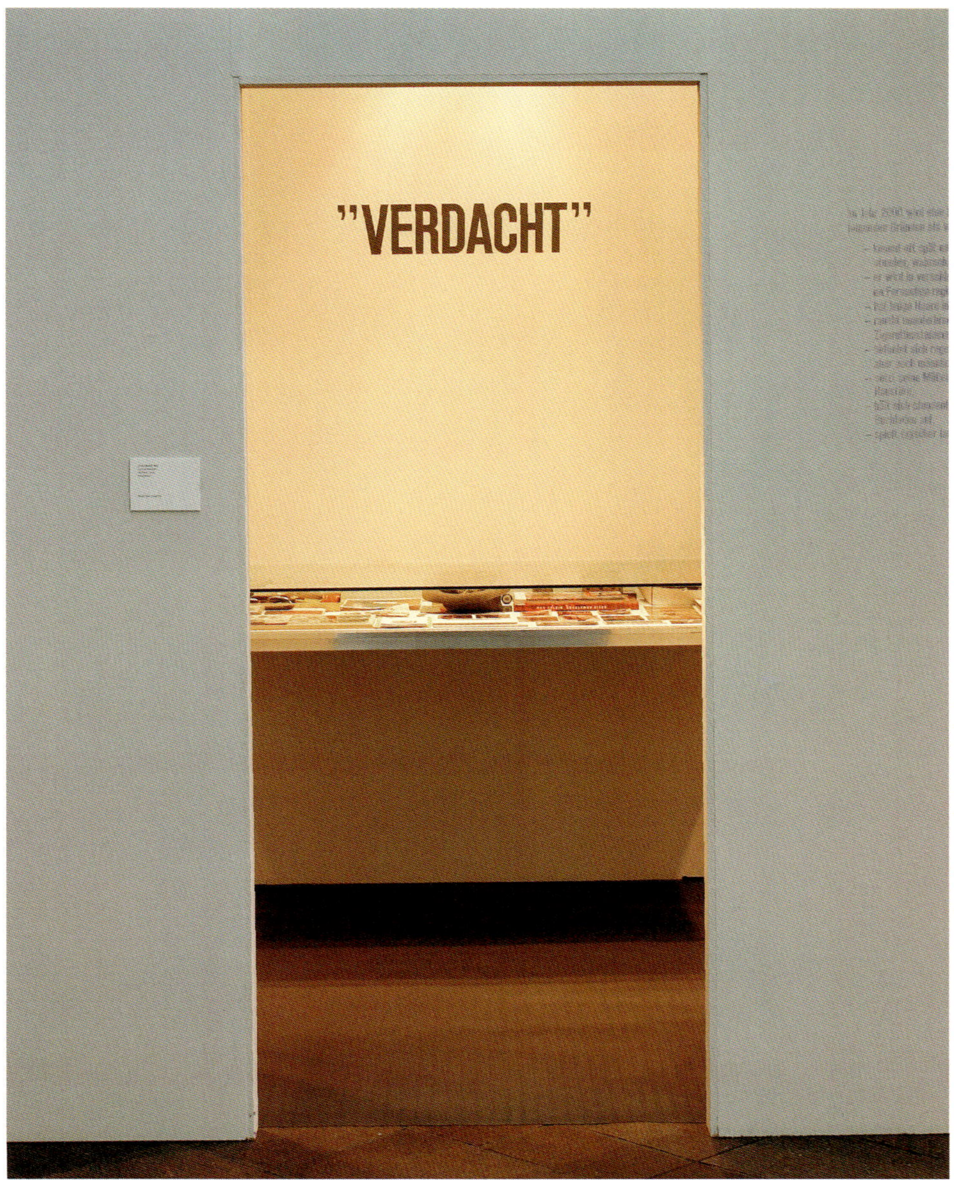

Verdacht

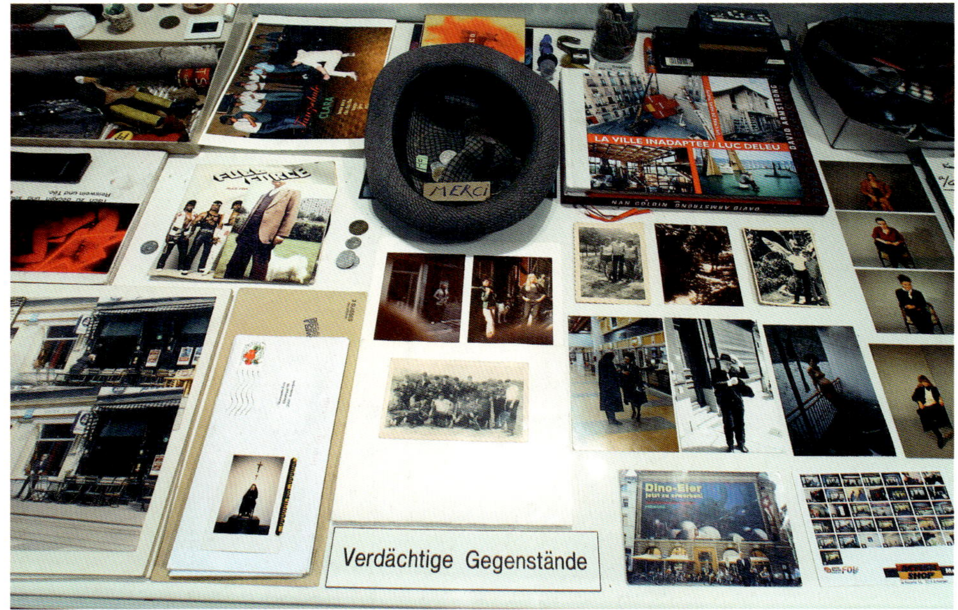
LA VILLE INADAPTEE / LUC DELEU
DAVID ARMSTRONG
NAN GOLDIN
MERCI
Dino-Eier
Verdächtige Gegenstände

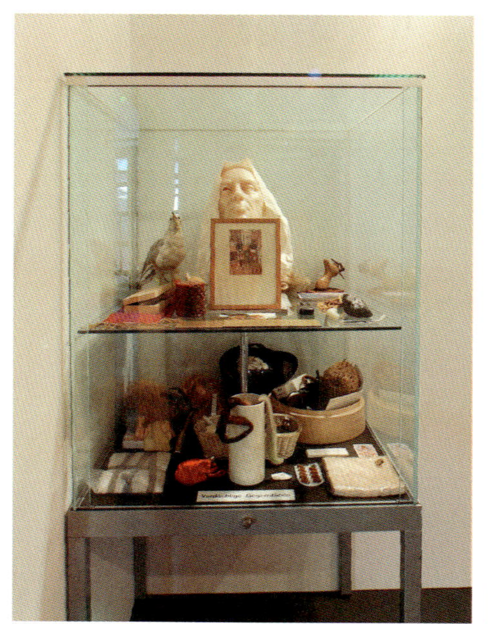

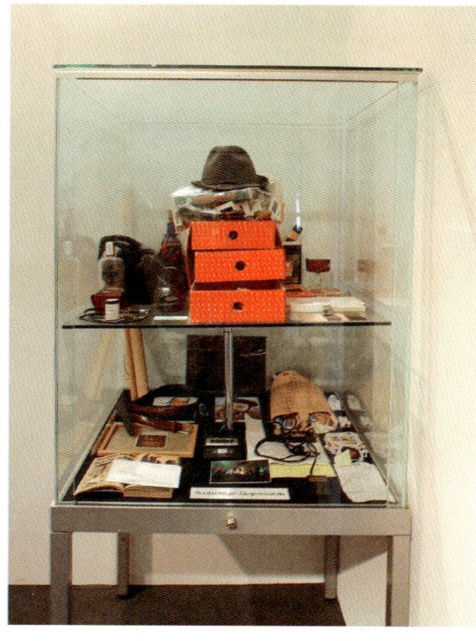

REZA KHAEEF ☞ **HAND DES KÜNSTLERS**

Das Projekt bestand aus fünf identischen Abbildungen meiner Hand, die aus speziellem Hartschaum gegossen sind. In diesen Handobjekten sind Pulsfrequenzmesser oder elektronische Kompasse eingebaut.

Die drei Objekte mit Pulsmessern wurden vertikal und die zwei anderen mit E-Kompassen horizontal an den Haltestangen im Bus installiert. Die Pulsmessung wurde möglich, wenn vorher die Zeitangabe durch eine Taste an dem aufrecht installierten Hand-Objekt unterbrochen wurde. Durch Betätigung eines Schalters an dem horizontal installierten Hand-Objekt wurden die Raumposition und die Richtung angezeigt.

Die Einteilung in die formalen Begriffe »vertikal – horizontal« bezog sich nicht nur auf die Raumerfahrung. Sie richtete den Blick vielmehr auf das Vertikale »In sich Sein« (Privatheit) und auf das Horizontale »In die Welt Projizieren« (Öffentlichkeit).

Reza Khaeef

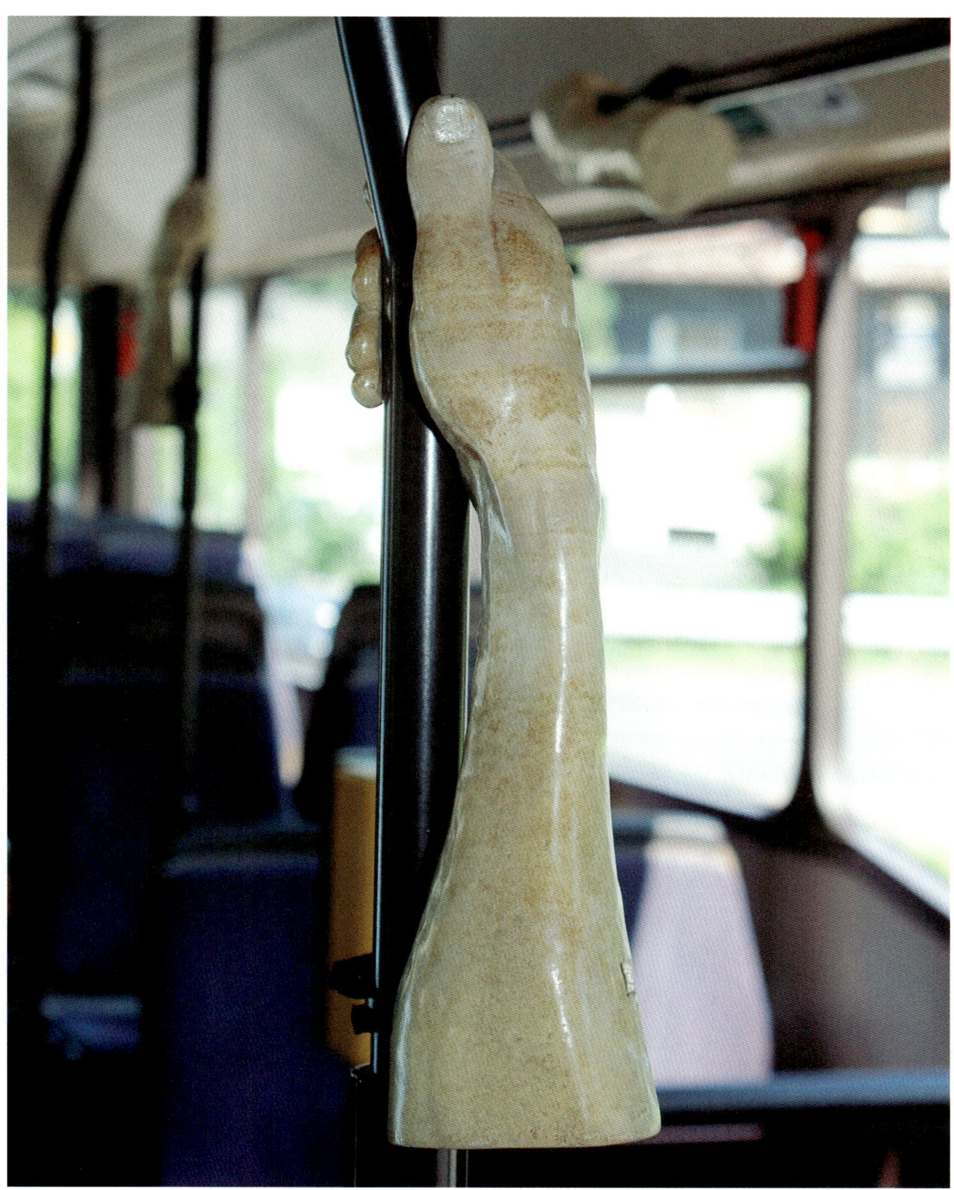

Hand des Künstlers

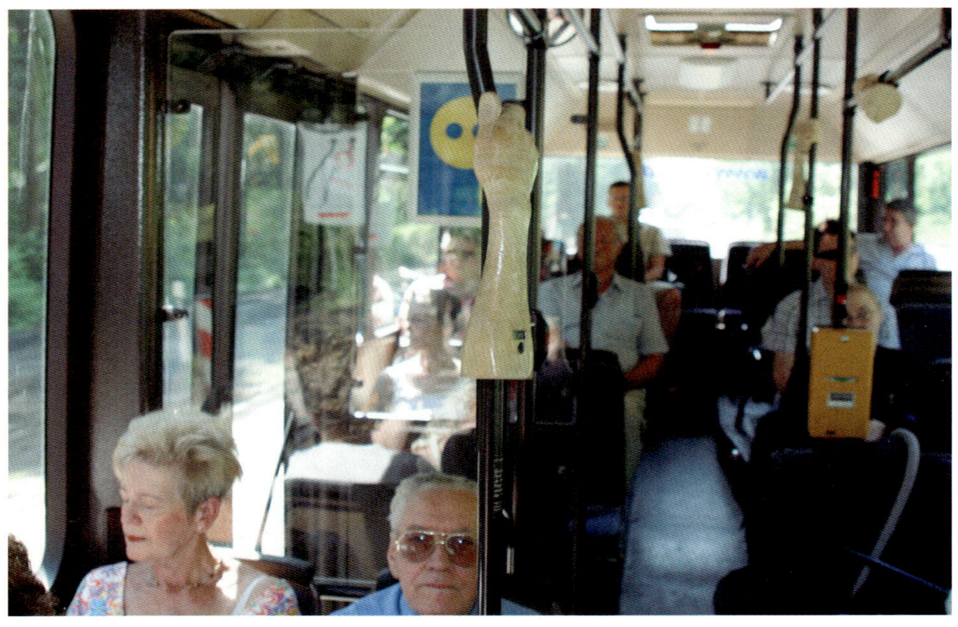

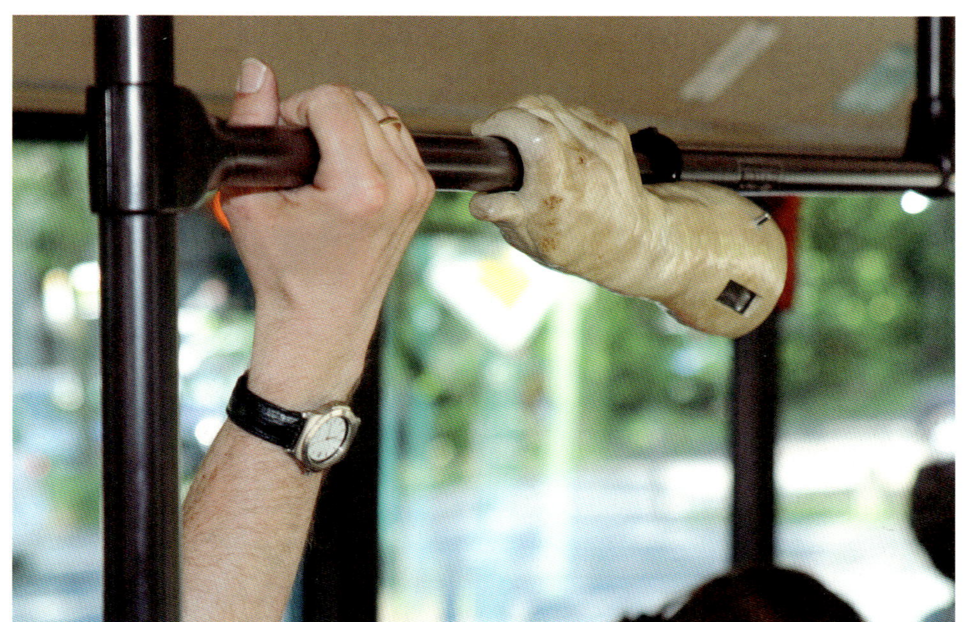

KIRSTEN KRÜGER ☞ SPINNENMUND / MOOSGARTEN

Der »Spinnenmund« setzt sich aus zwei Teilen zusammen: Einer Abformung meines Mundes im lächelndem Zustand, er bildet den Spinnenkörper, sowie acht geformte Spinnenbeine. Die komplette Form ist aus Silikon gegossen.

Die Arbeit thematisierte die »natürliche« Existenz als Grenzerfahrung und als eine andere Möglichkeit. Das mythologische, im westlichen Kulturkreis negativ besetzte Tier Spinne erfuhr eine unzertrennliche Symbiose mit meinem Mund. Es wurde zu einer neuen ambivalenten Kreatur, gleichermaßen sinnlich wie abstoßend, intim und gemein.

Der »Spinnenmund« wurde im Fahrerbereich des Busses an einem Netz hängend, ähnlich einer wirklichen, zufällig auftauchenden Spinne, präsentiert.

Ergänzend zu diesem Projekt habe ich auf dem Gelände der EVAG in einem ausgedienten Schalterhäuschen eine Installation mit Moos und mit einer wie oben beschriebenen Spinne realisiert. Die überflüssig gewordene ehemalige Schaltstelle mit ihrer antiquiert wirkenden Anzeigetafel beherbergte für die Dauer der Ausstellung einen (Moos-)Garten. Das Interieur und die zurückgelassenen z.T. persönlichen Utensilien des Menschen, der hier zuletzt gearbeitet hat, überwuchsen mit Moos.
Die Anzeigetafel blieb blind. Der Strom war abgestellt. Man musste an das Häuschen herantreten, um die Installation zu sehen. Der Ort war gleichzeitig in seiner Geschichte gefangen und doch von ihr losgelöst, ohne dass über seine weitere Zukunft eine Aussage gemacht wurde. Die fantastische Szenerie, die den Ort gefangen hielt, korrespondierte im Schatten der ausgedienten Kommunikationseinrichtungen mit dem umherfahrenden Bus.

Kirsten Krüger

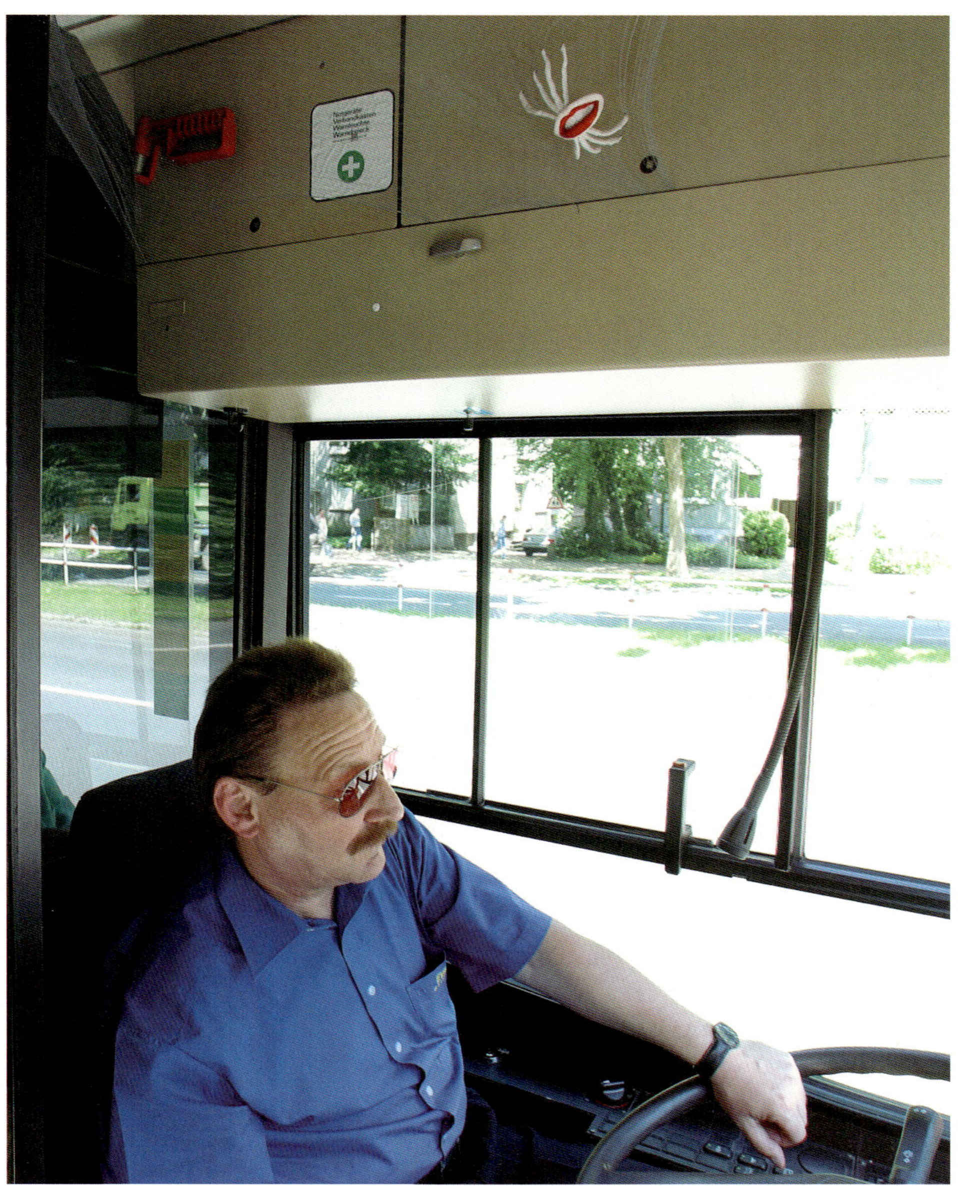

Spinnenmund/Moosgarten

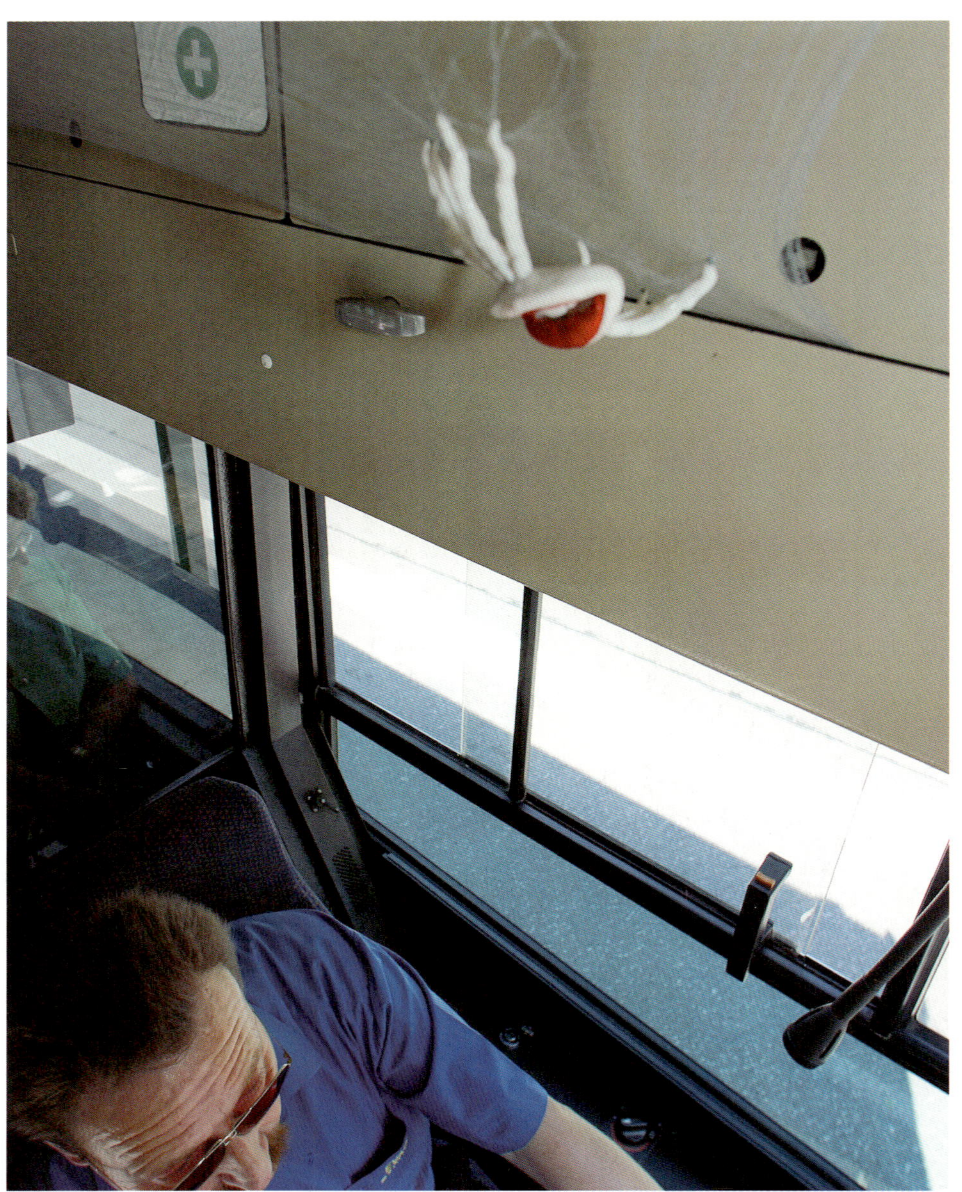

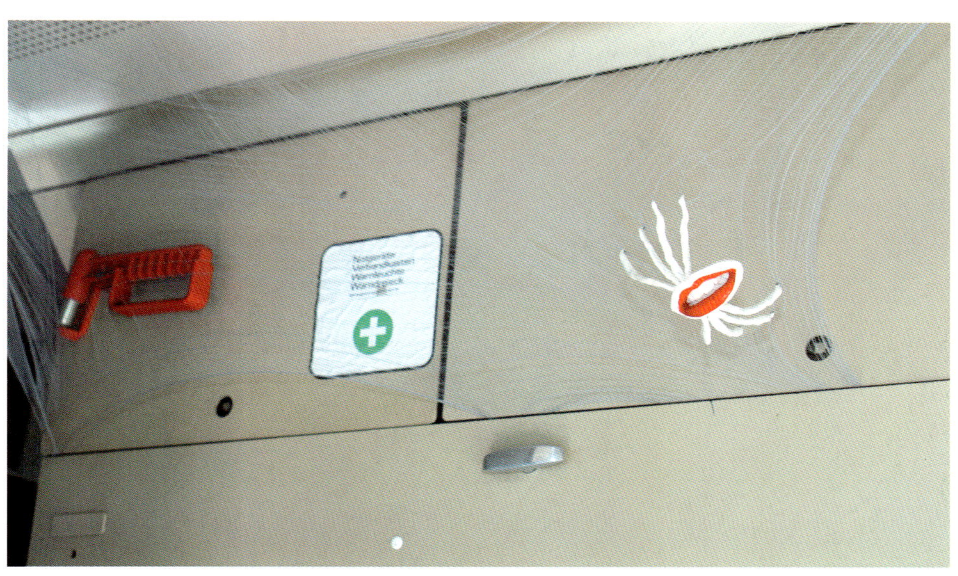
Notgeräte
Verbandkasten
Warnleuchte
Warndreieck

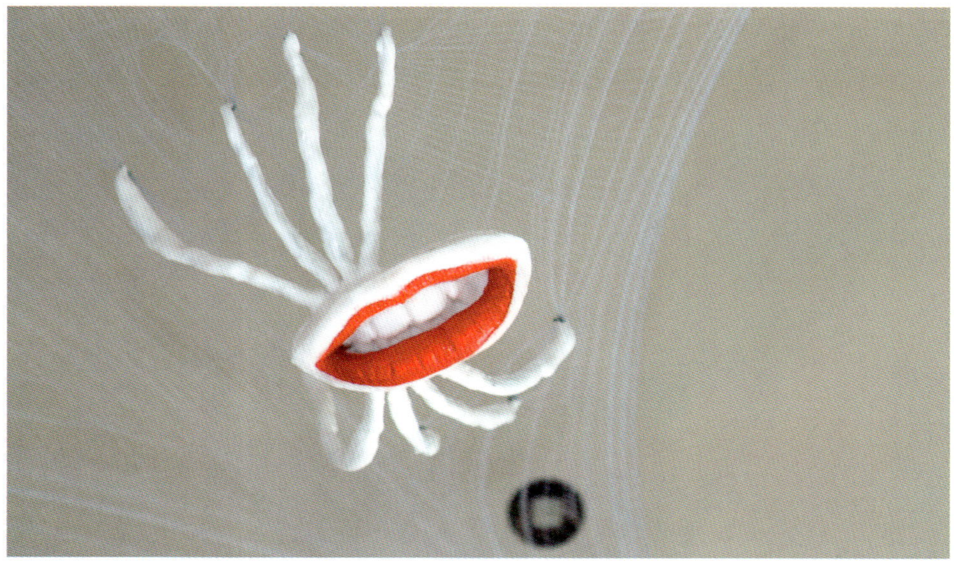

CHRISTIANE MÖBUS ☞ HÜHNERFAHRT – WANDERVÖGEL

Meine Familie zog um: Nach den Weltkriegswirren ein zweites Mal brutal verscheucht. Der Umzug mit der wenigen Habe konzentrierte sich meines Erachtens auf unsere Hühner. Nach vorne hinaus schaute bei der Fahrt mit dem Möbelwagen die Familie. Nach hinten aus den Reisekisten, mit großen Drahtgitterfenstern versehen, schauten die Hühner.

Einen Tag später wurde ich eingeschult.

Die Hühner waren die Freunde, die ich mitnehmen konnte.

Mit dem ersten Photoapparat begann ich, die Hühner zu porträtieren.

Ich sah sie immer in ihren farbenprächtigen Federkleidern. Selbst auf den Schwarzweißphotos konnte ich ihre Farben erkennen.

P.S.: »Sind auch die Hühner gefüttert?«
(Bismarck auf dem Sterbebett)

Christiane Möbus

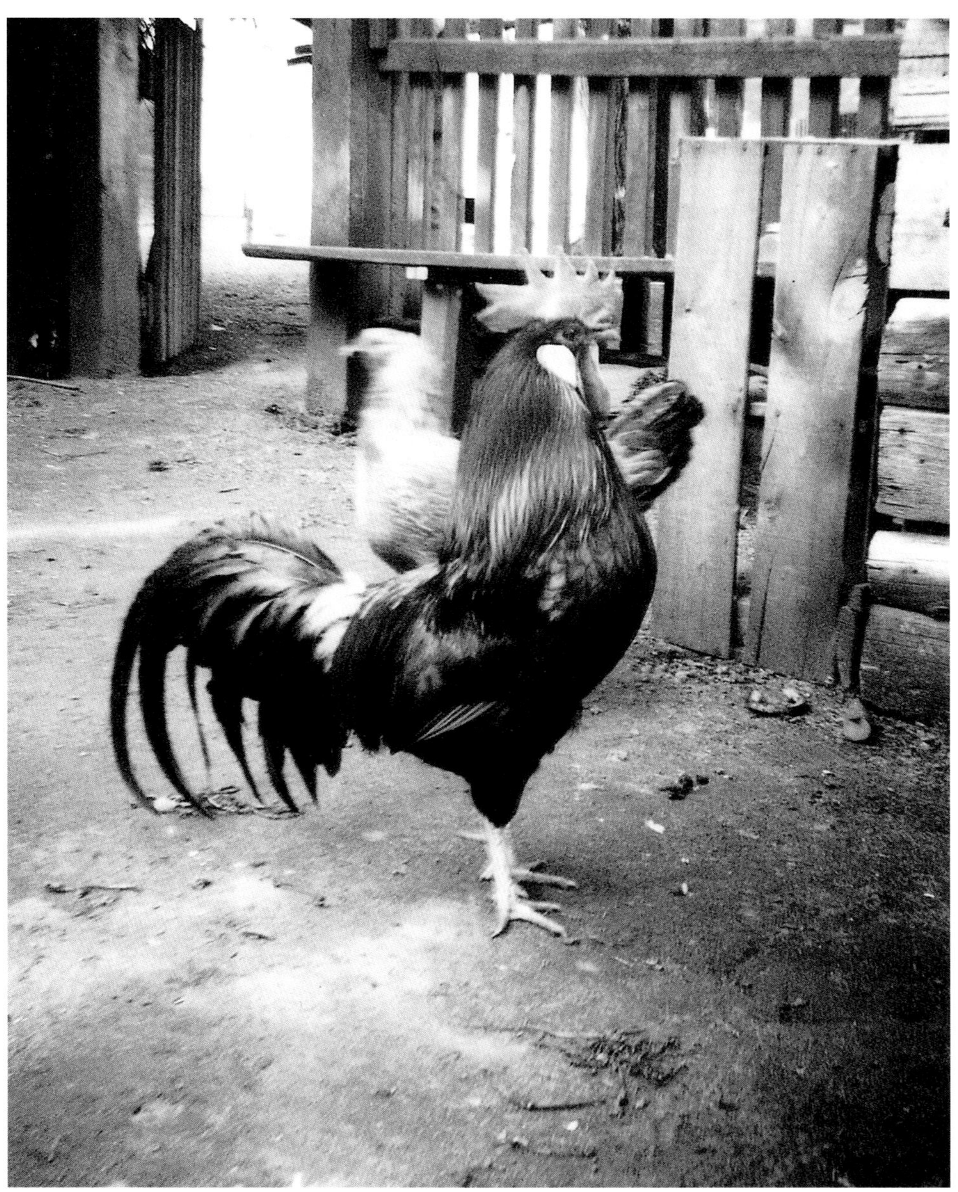

Hühner außerhalb einer alten Reisekiste von 1953, Foto: Christiane Möbus, 1963

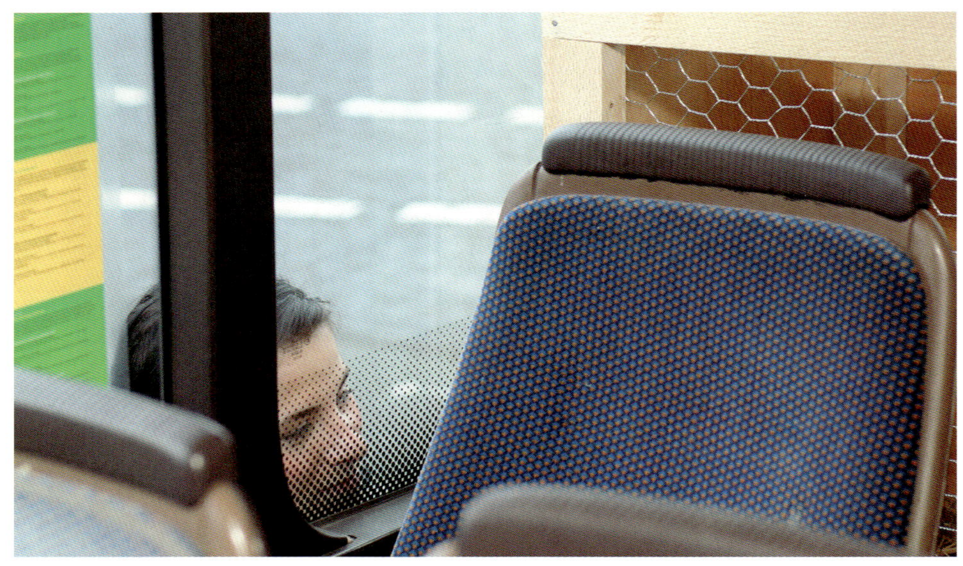

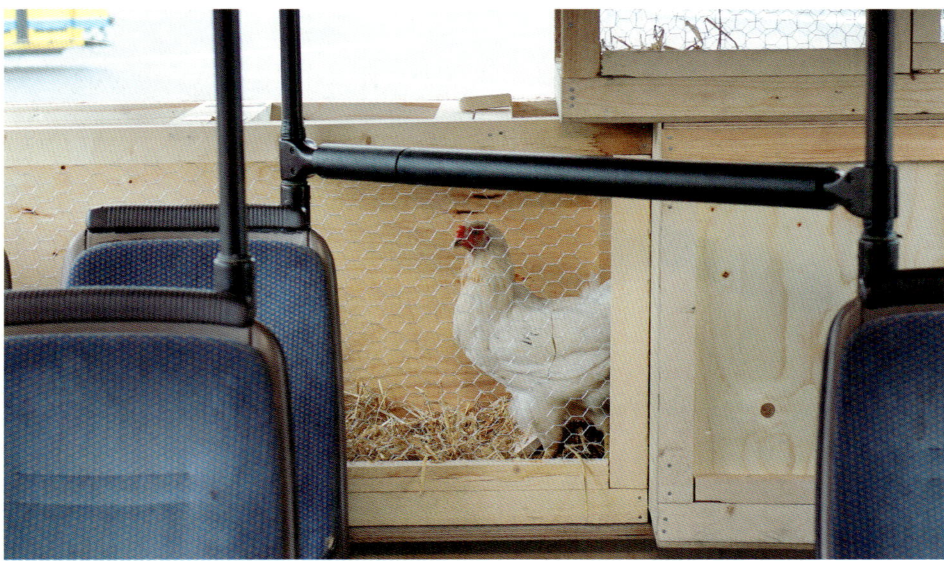

Hühnerfahrt – Wandervögel

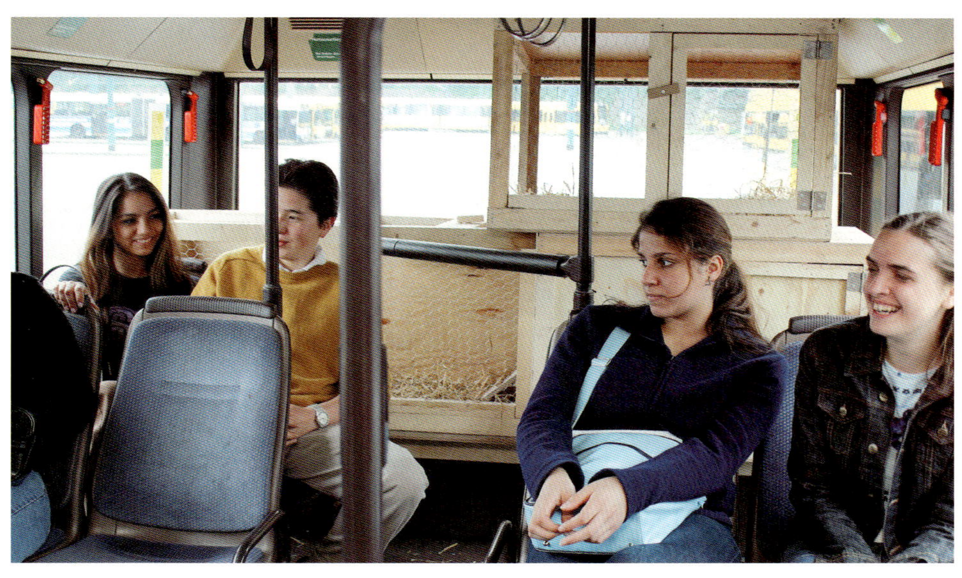

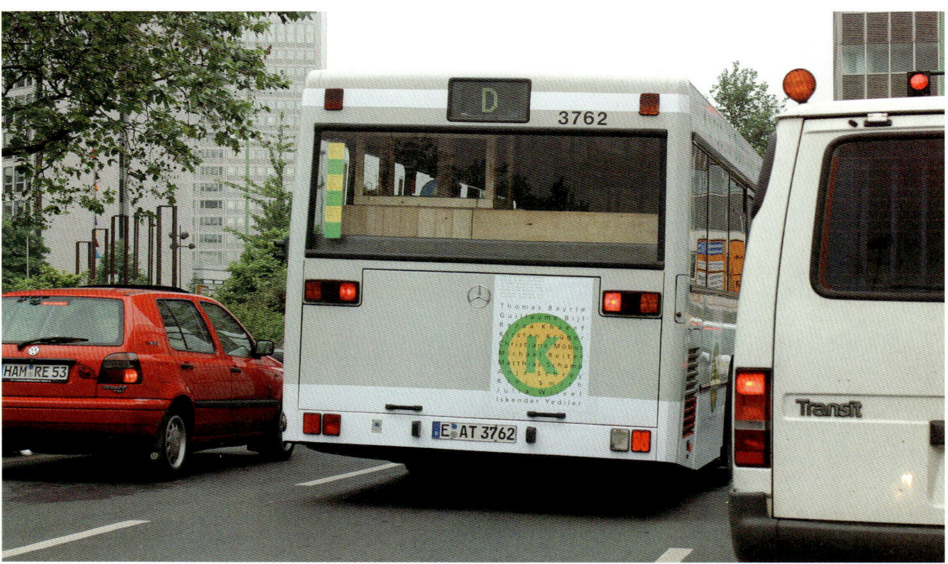
3762
Thomas Bayrle
Guillaume Bijl
Iskender Yediler
E AT 3762
HAM RE 53
Transit

MICHAEL REITER ☞ **PROJEKTBESCHREIBUNG**

Ausgangspunkt für meine Zeichnungen sind Postwurfsendungen, Zeitschriften, Möbelkataloge, in denen Betten, Stühle, Sofas, Kleidungsstücke abgedruckt sind. Diese Drucke von Gegenständen sind jedem visuell zugänglich. Sind sozusagen öffentlich.

Entschließt sich nun eine Person, einen aus diesen Angebotenen ihm genehmen Gegenstand zu erwerben, geht dieser in eine private Umgebung ein, in der er sich vorher nicht befand. Benutzungs- und Behandlungsspuren machen ihn zu einem individuellen Ding, ohne dass er sein Aussehen, seine Form maßgeblich verändert.

Durch den Akt des Zeichnens eines von mir ausgewählten und freigestellten Gegenstandes nehme ich diesen in meine private Umgebung auf, »gestalte« ihn individuell durch Schraffuren, Dichte, Farbe um, obwohl er von Weitem aussieht wie das gedruckte Original. Diese Zeichnung wird durch Druck vervielfältigt, also wieder in den ursprünglichen Zustand zurückversetzt. Mit der Plakatierung in öffentlichen Verkehrsmitteln werden diese privaten Gegenstände wieder jedem visuell zugänglich, also öffentlich.

Michael Reiter

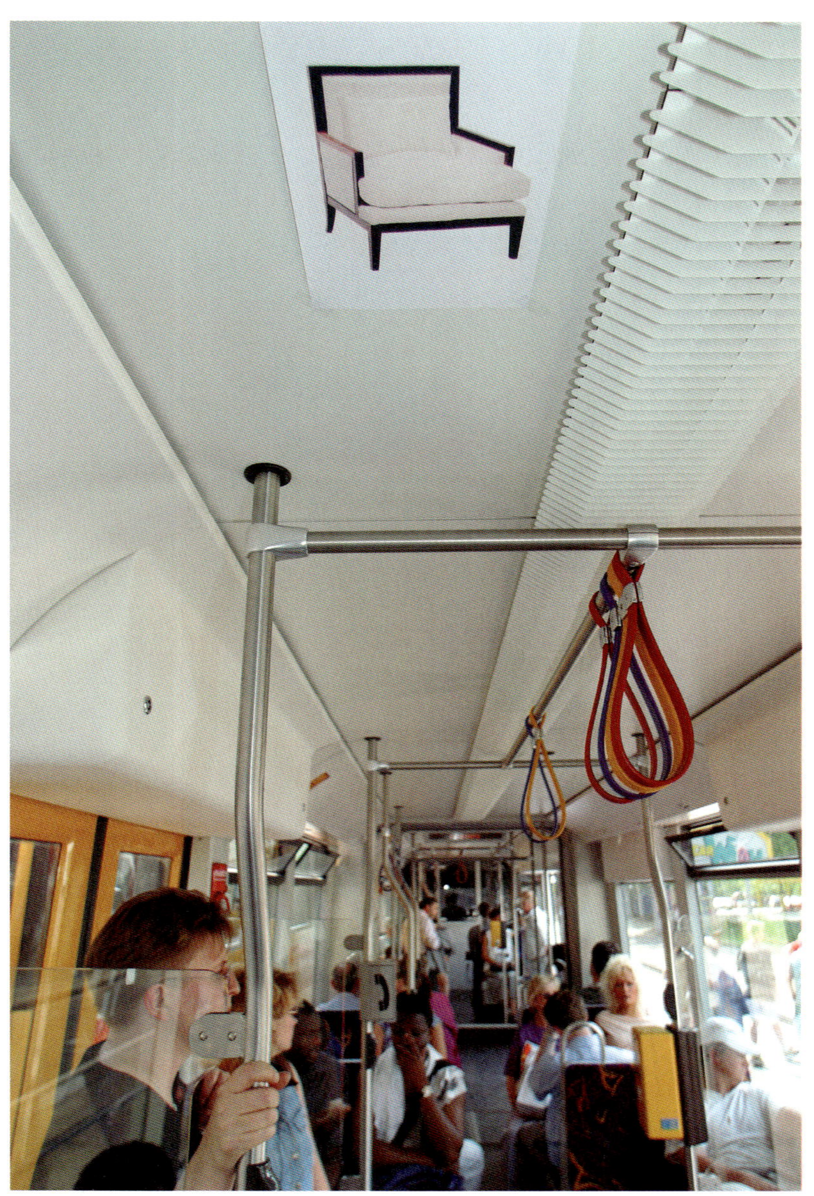

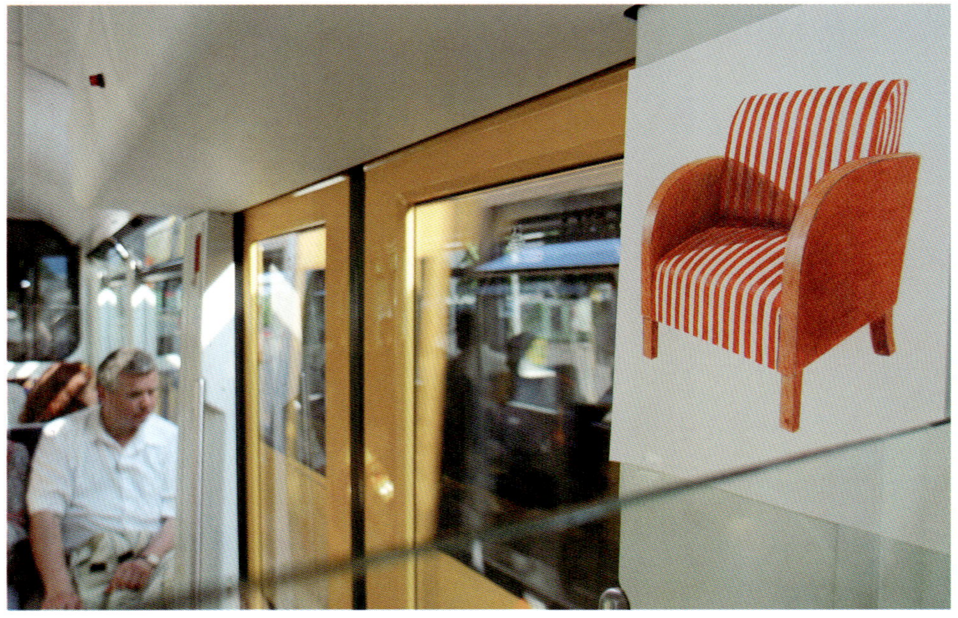

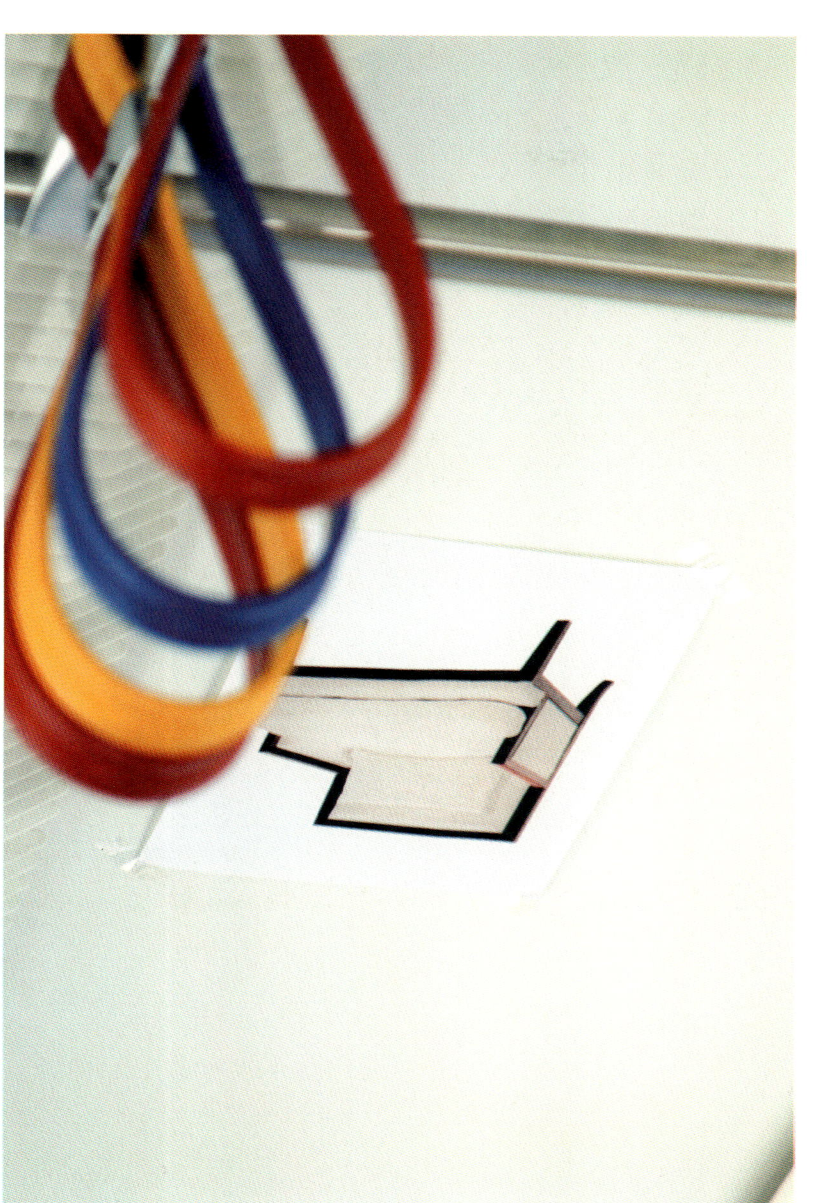

MATTHIAS SCHAMP  **OBJETS PERDUS – EINSTIEGSLUKEN IN EINE TOPOLOGIE DER VERLUSTIG GEGANGENEN DINGE**

*Das Projekt »objets perdus – Einstiegsluken in eine Topologie der verlustig gegangenen Dinge«
war eine Reflexion über in Bussen, Bahnen und an Bahnstationen vergessene Gegenstände:
Handtaschen, Regenschirme, Spielzeug, Schlüsselbünde …*

*Dieses sind ganz private, jeweils einer konkreten Person zugehörige Dinge, die sich aber gewis-
sermaßen von dieser abgekoppelt haben. Ihrem ursprünglichen Funktionszusammenhang ent-
hoben, gehören sie für eine kurze Zeitspanne zu keiner Ordnung, keiner Struktur – solange bis
sie von einer neuen Ordnung, einer neuen Struktur eingefangen werden: Sie werden zu gefundenen Gegenständen, und als solche gibt es wieder Regeln des Gebrauchs, die auf sie anwendbar
sind, d. h.: So sie sich nicht jemand widerrechtlich aneignet, werden sie an der Fundstelle
abgeliefert, wo sie einem bestimmten, klar definierten Verwaltungsvorgang unterworfen sind.*

*Ich behandelte die von den verloren gegangenen Gegenständen ableitbaren Bedeutungsinhalte
in knappen Textpassagen und stellte diese, zusammen mit Abbildungen von Fundsachen, zu
einem kleinen Heftchen zusammen.*

Leseprobe:
*»So stiften die abhanden gekommenen Gegenstände an beiden Polen ihrer Existenz – am Ort ihrer
Anwesenheit, wie auch am Ort ihrer Abwesenheit – Unruhe. Sie sind Agenten der syntaktischen
Konfusion.«*

Wie erreicht das Kunstwerk seine Rezipienten?
*Die Hälfte der Auflage wurde während des Projektzeitraums in Bussen und Bahnen ›vergessen‹,
d. h. die Heftchen wurden an unauffälligen Orten im öffentlichen Nahverkehr einfach liegen-
gelassen. Die Information stand zunächst einmal nicht jedem offen, sondern nur wenigen ›Aus-
erwählten‹, die der Zufall bestimmte. Das Thema »objets perdus« fand seine Entsprechung in
den ›gefundenen Gegenständen‹, zu denen die Heftchen durch diesen Vorgang wurden. Für all
diejenigen, die von dem Projekt Kenntnis erhielten, ohne indes zu den glücklichen Findern zu
gehören, gab es trotzdem Möglichkeiten, sich das Heftchen anzuschauen, z. B. im Museum
Folkwang oder an der Infotheke der EVAG, wo das Heftchen als Leseexemplar auslag.*

Matthias Schamp

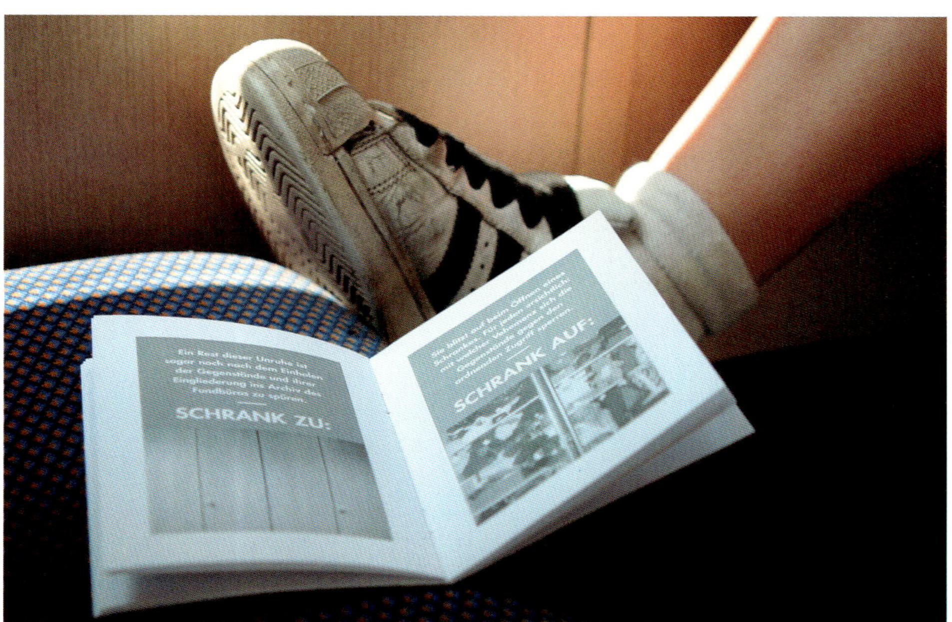

Objets Perdus

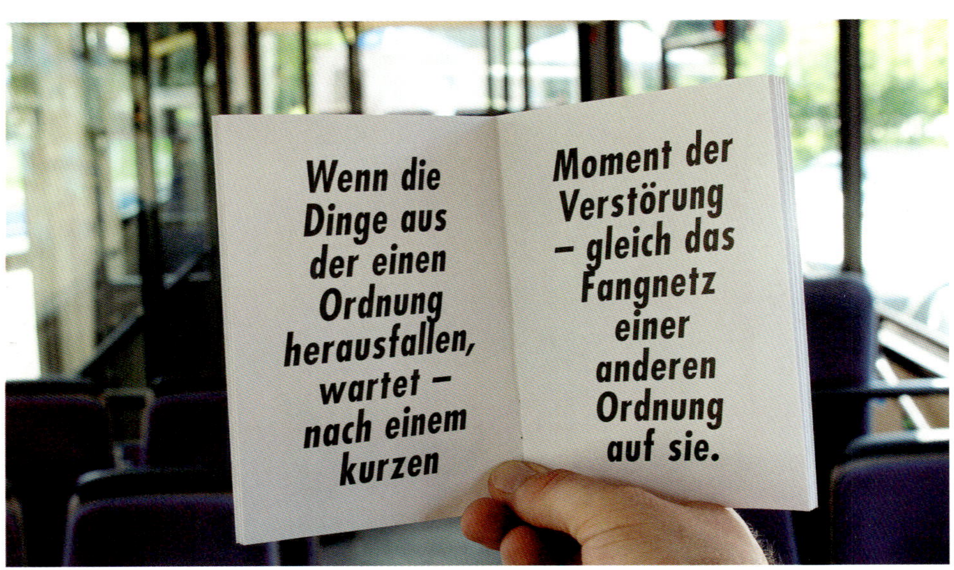
Wenn die
Dinge aus
der einen
Ordnung
herausfallen,
wartet –
nach einem
kurzen
Moment der
Verstörung
– gleich das
Fangnetz
einer
anderen
Ordnung
auf sie.

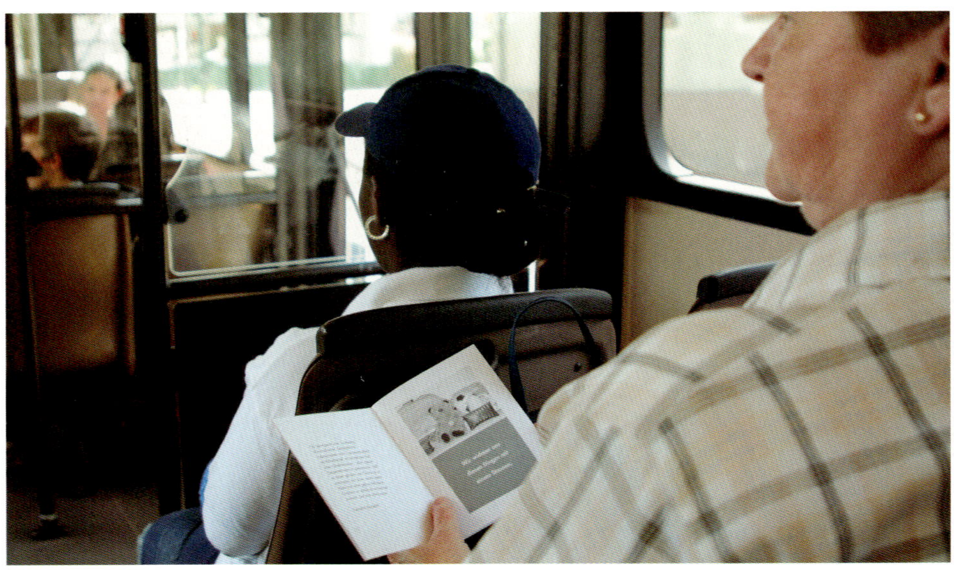

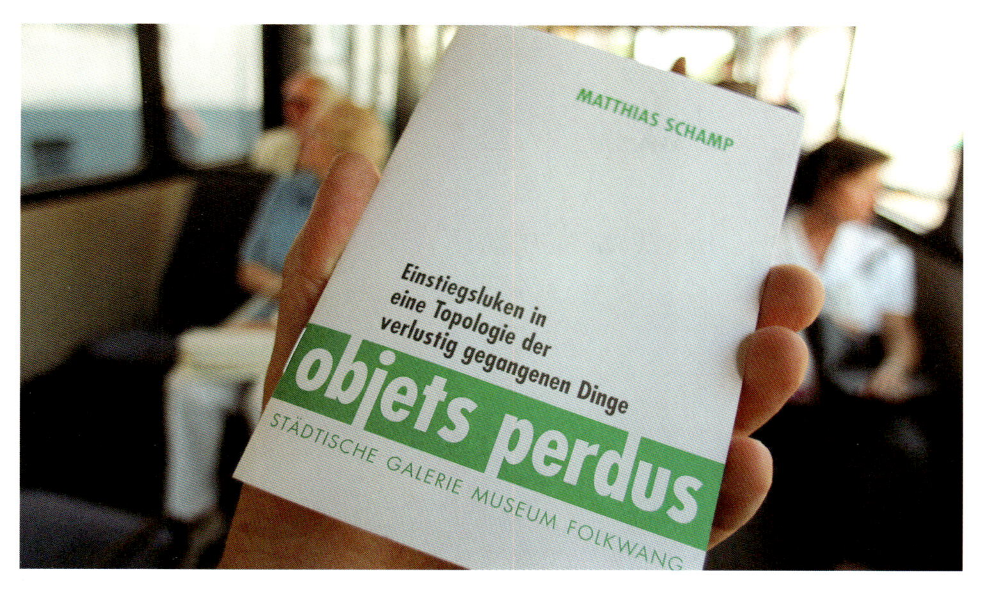

MATTHIAS SCHAMP
Einstiegsluken in
eine Topologie der
verlustig gegangenen Dinge
objets perdus
STÄDTISCHE GALERIE MUSEUM FOLKWANG

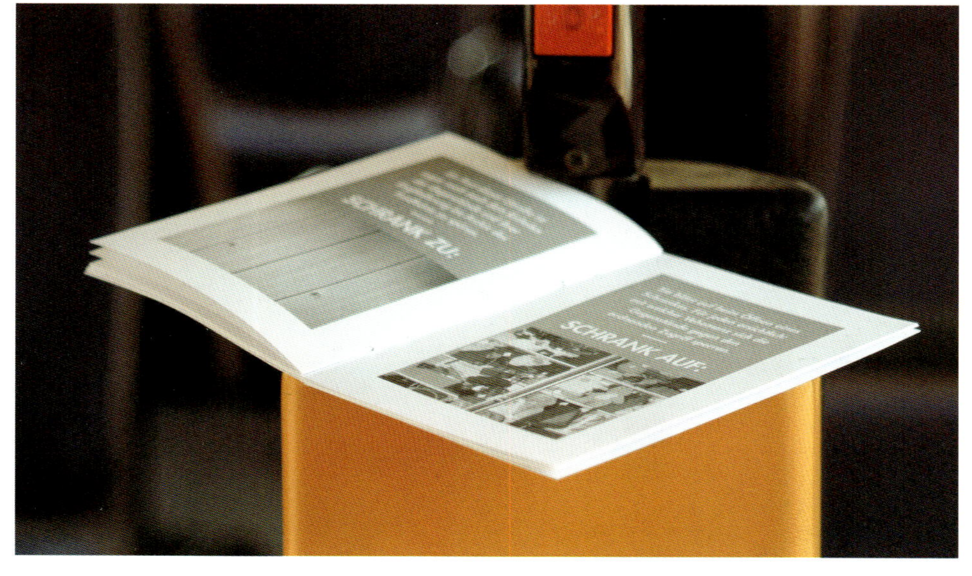

SCHRANK ZU.
SCHRANK AUF.

ANJA SCHREY ☞ **DRESSING PRINCESS**

Eine fahrbare Garderobe und eine montierte Umkleidekabine waren Teil der Ausstattung.

Die Künstlerin stellte verschiedene Kleidungsstücke und Schuhe zur Verfügung, die vorher von unterschiedlichen Personen ausgesucht worden waren.

Sie selbst saß auf einem weißen Hocker, der auf einem runden beigefarbenen Veloursteppich stand. Ein Assistent sprach die Besucher an und forderte sie auf, etwas aus der Garderobe für die Künstlerin zu wählen.

Die Passanten warteten stehend oder sitzend, während sich die Künstlerin hinter einem hellblauen Vorhang umkleidete, und konnten sich später von dem Ergebnis ihrer Wahl überzeugen. Der Assistent bedankte sich und widmete sich dem nächsten Passanten.

Die Aktion dauerte 1 1/2 Stunden.

Anja Schrey

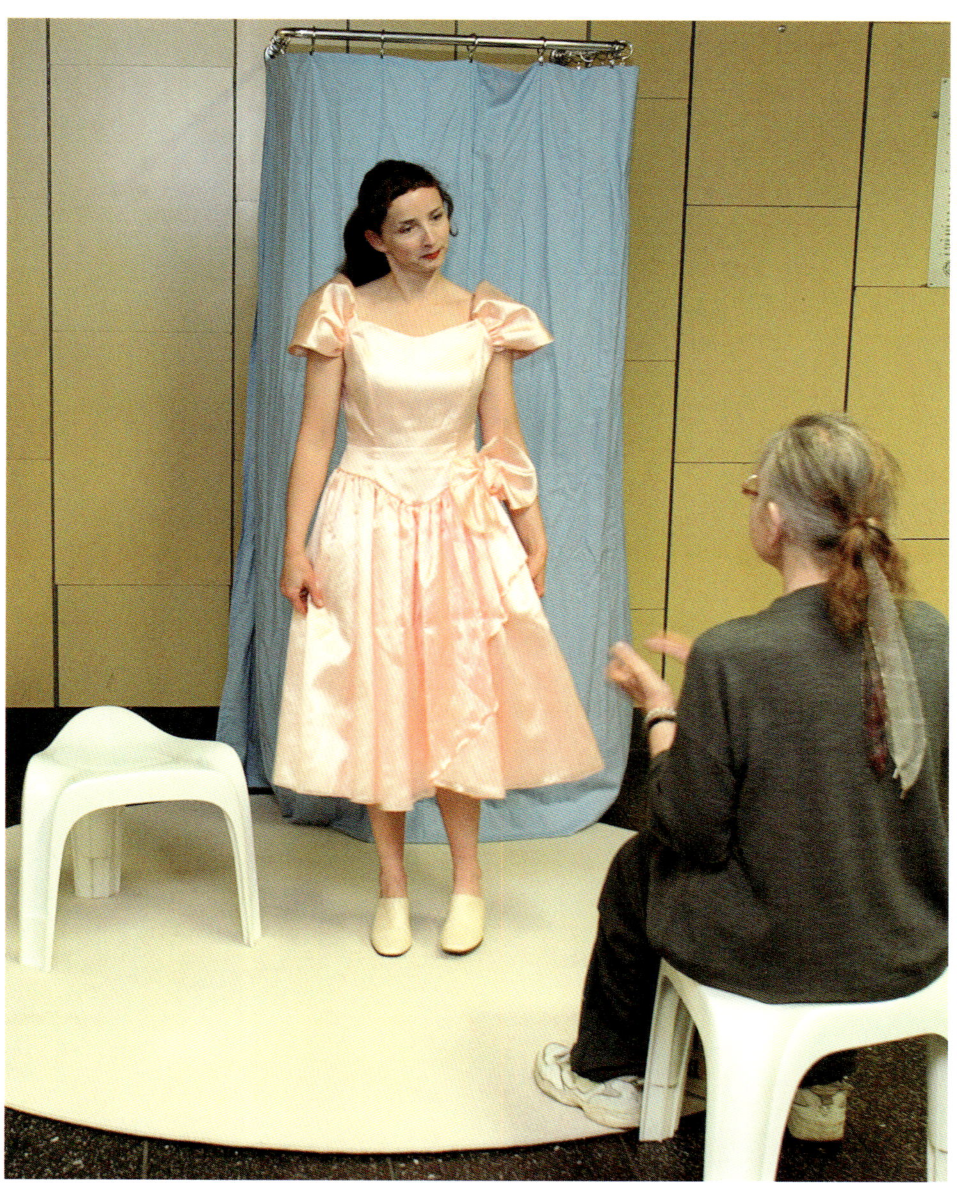

Dressing Princess

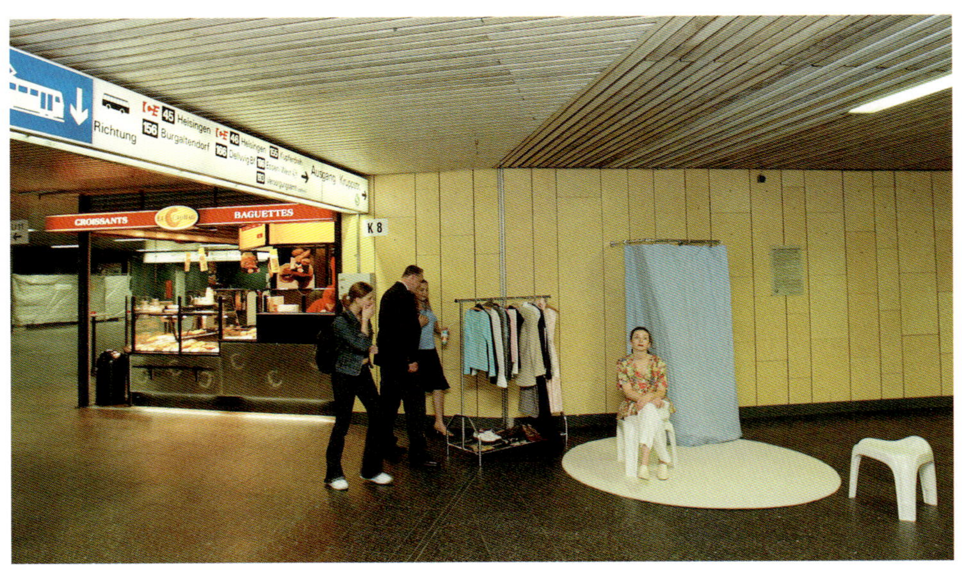

Richtung
45 Heisingen
156 Burgaltendorf
48 Heisingen
186 Dellwig Bf
Kupferdreh
Essen-West
Versorgungsamt
Ausgang Kruppstr.
CROISSANTS   BAGUETTES
K 8

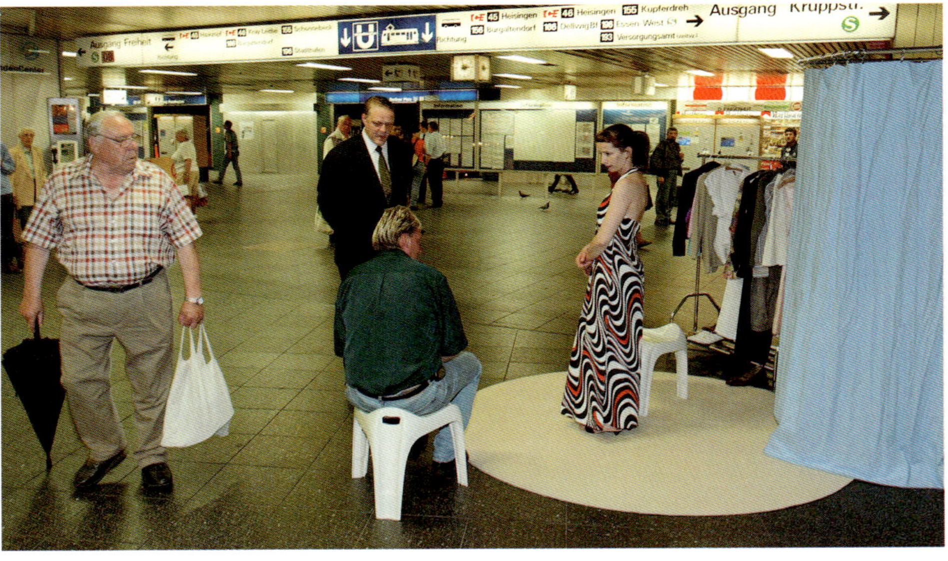

Ausgang Freiheit
48 Hamm
48 Kray Leithe
Schonnebeck
Stadthafen
U
Richtung
45 Heisingen
48 Heisingen
156 Kupferdreh
156 Burgaltendorf
186 Dellwig Bf
190 Essen-West K
193 Versorgungsamt
Ausgang Kruppstr.
Information

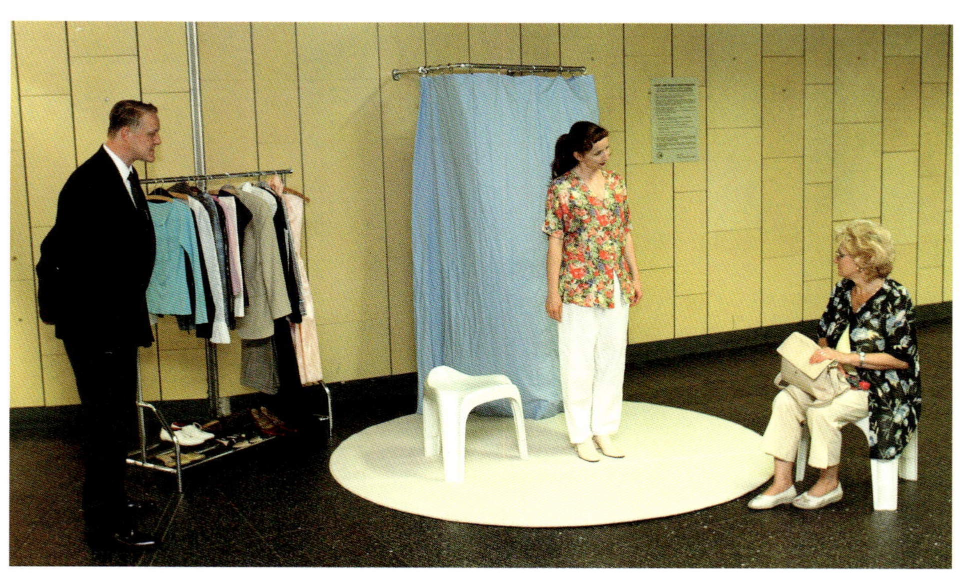

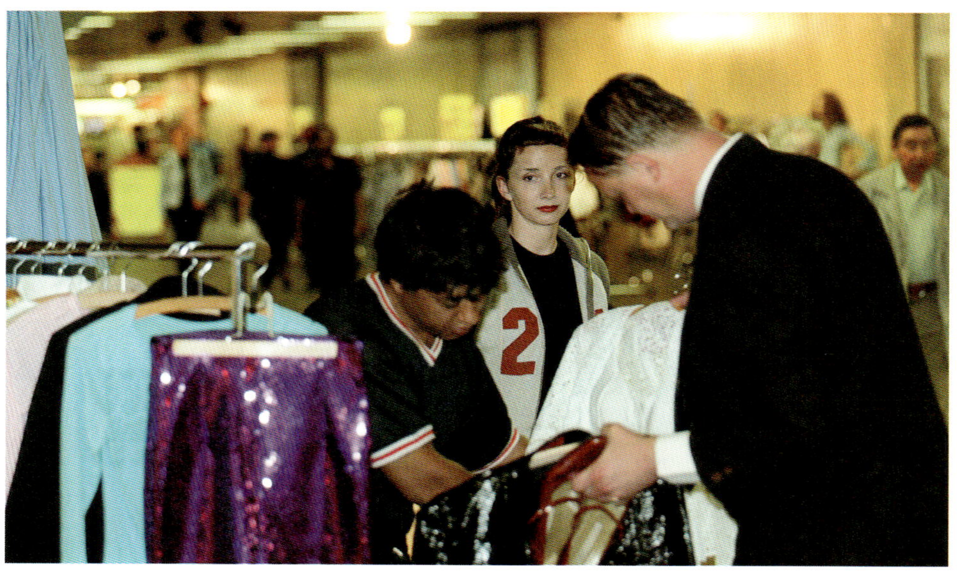

KIKI SMITH ☞ **GOLD SIREN, 2001**

Kiki Smiths Bronzeskulptur »Gold Siren« präsentierte auf eindrucksvolle Weise Intimität im öffentlichen Raum.

Die Figur der Sirene entstammt der griechischen Mythologie; man stellte sie sich als Mischwesen aus Frau und Vogel vor. Als Töchter der Musen waren die Sirenen mit übernatürlichem Wissen begabt, und ihr Gesang lockte zahlreiche Seefahrer in den Tod.

Eine solche Macht und Bedrohung, wie sie die Mythologie den Sirenen zuschrieb, geht indes von Kiki Smiths Sirenenskulptur nicht aus. Im Gegenteil: Die unbekleidete, auf den Knien sitzende Frau mit den schmalen, von ihrem Rücken herunterhängenden Flügeln, wirkt vielmehr selbst verletzlich. Insbesondere ihre Nacktheit verleiht der Figur einen sehr intimen Charakter, der in starkem Kontrast zum schimmernden Glanz ihrer goldfarbenen Oberfläche und ihrer Zurschaustellung im Museum steht. Die Sirene demonstriert jedoch Würde, wie sie ihren Oberkörper aufrecht und den Kopf leicht erhoben hält, so als würde sie sich geistig über die auf sie gerichteten Blicke der Besucher erheben und in ihr Inneres zurückziehen.

Kiki Smiths »Gold Siren« ist ein Exot – ein goldschimmerndes Phantasiewesen einer längst vergangenen Mythologie. Sie strahlt eine geheimnisvolle Ruhe aus. Bei allem Zauber, der sie umgibt, ruft ihre an Volkskunst und den »Primitivismus« der europäischen Moderne erinnernde Gestalt – der gelängte Körper, Haar und Gesichtszüge – uns aber auch unseren eigenen »exotisierenden« Blick auf das / den ethnisch und kulturell »andere(n)« in Erinnerung: Das / der Ungewöhnliche ist stets öffentlich und durch sein Anderssein zugleich einer Vereinnahmung durch die Menge entzogen.

Astrid Haas

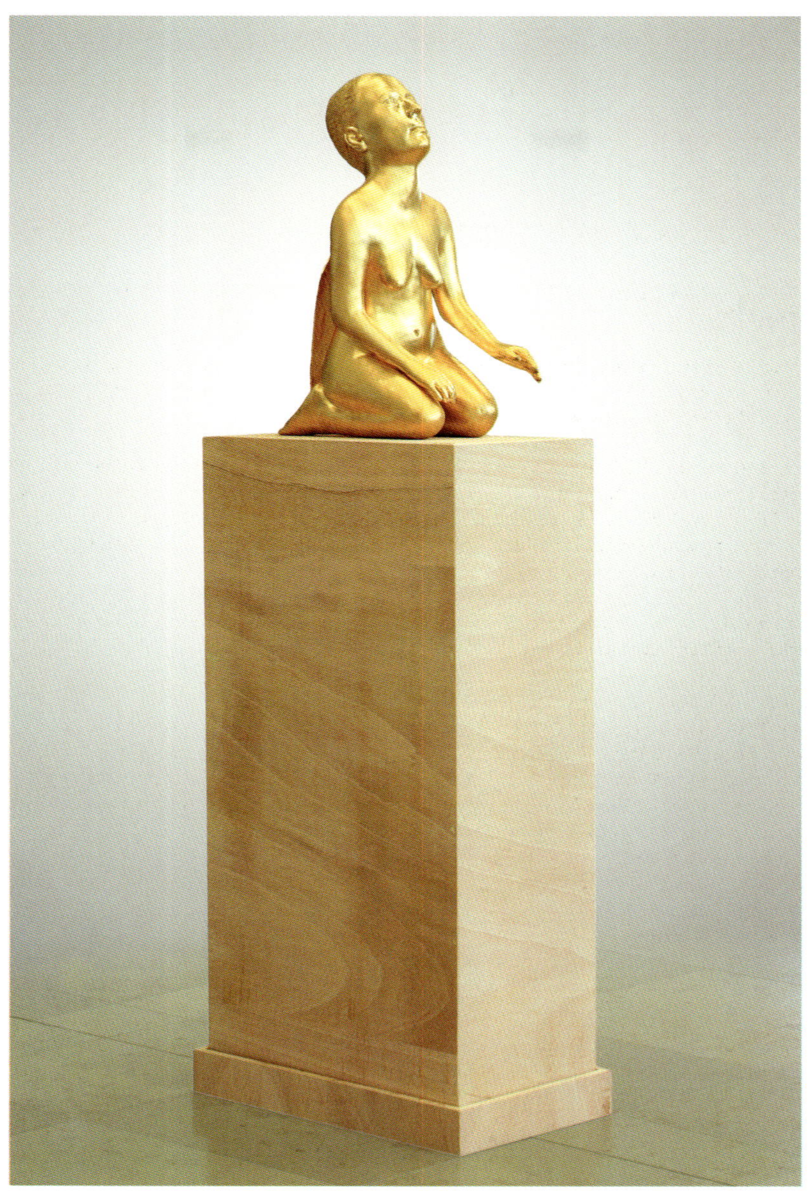

Skulptur, Bronze und Blattgold, 78,7 x 33 x 55,9 cm, Courtesy: PaceWildenstein und Galerie M+R Fricke

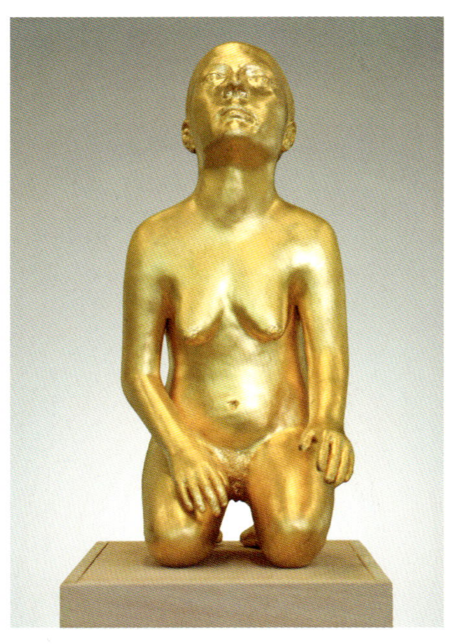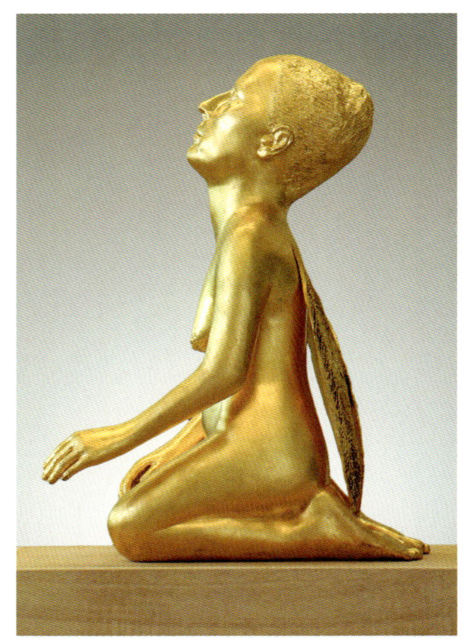

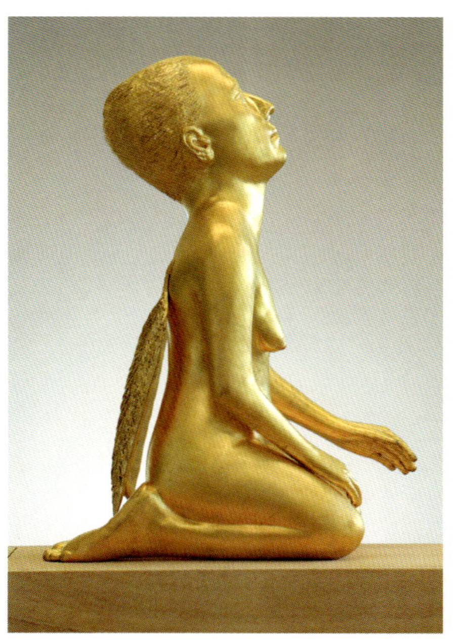

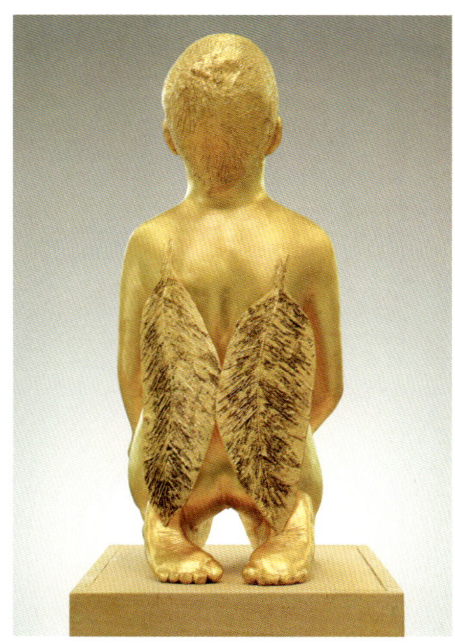

JULIA WIRXEL ☞ **PROJEKTBESCHREIBUNG**

Julia Wirxels Installation von Lampions wurde aus getragenen BHs geformt. Im Eingangsbereich des Museum Folkwang inszenierte die Künstlerin eine Transgression der Grenzen von privat und öffentlich. Die Lampions als Lampen spielten auf jene Lampen an, die die nächtlichen Räume erhellen und so erst zu öffentlichen machen. Und dennoch waren sie aus Materialien geformt, die in den Kreis des Intimsten gehören. Die BHs waren getragen, gebraucht, die Spuren der Benutzung hatten sich Ihnen eingeprägt. Dadurch wurden sie zu Trägern einer lokalen, privaten Erinnerung, denn »[w]enn Gegenstände durch eure Berührung nicht altern, dann seid ihr tot« (Jean Baudrillard). Sie verkörperten – in den Worten Pierre Noras – die Erinnerung (memory), die sich im Konkreten festsetzt und auffinden läßt. Ihr steht das offizielle Gedächtnis der Geschichte (history) gegenüber, das große Kontinuitäten konstruiert und einen universellen Anspruch erhebt. Die getragenen BHs erschienen nun im Eingangsbereich eines Museums, also eines offiziellen Archivs, das durch seine Autorität die Geschichte (der Kunst o.a.) erzeugt. Julia Wirxel setzte die privaten und lokalen Erinnerungen in den Gebrauchsspuren also in ihr Recht gegen jene offizielle Geschichte, die nach Nora auch das Ziel hat, das lokale Erinnern zu unterdrücken und zu verdrängen. So wurde auch der Gegensatz von privat/öffentlich als das kenntlich gemacht, was er ist: als eine Reproduktion von Herrschaft. Darauf verwiesen die BH-Lampen als Lampions, denn sie konnotierten eine karnevaleske Freizeitkultur und mithin die Fluchträume, in die sich die im Öffentlichen durch ihre Verwertung geschundenen Subjekte zurückziehen, in der sie partiell ausbrechen können. Doch zugleich dienen diese Räume immer auch zur Regeneration, also für die endlose Wiederkehr des Öffentlichen.

Jens Schröter

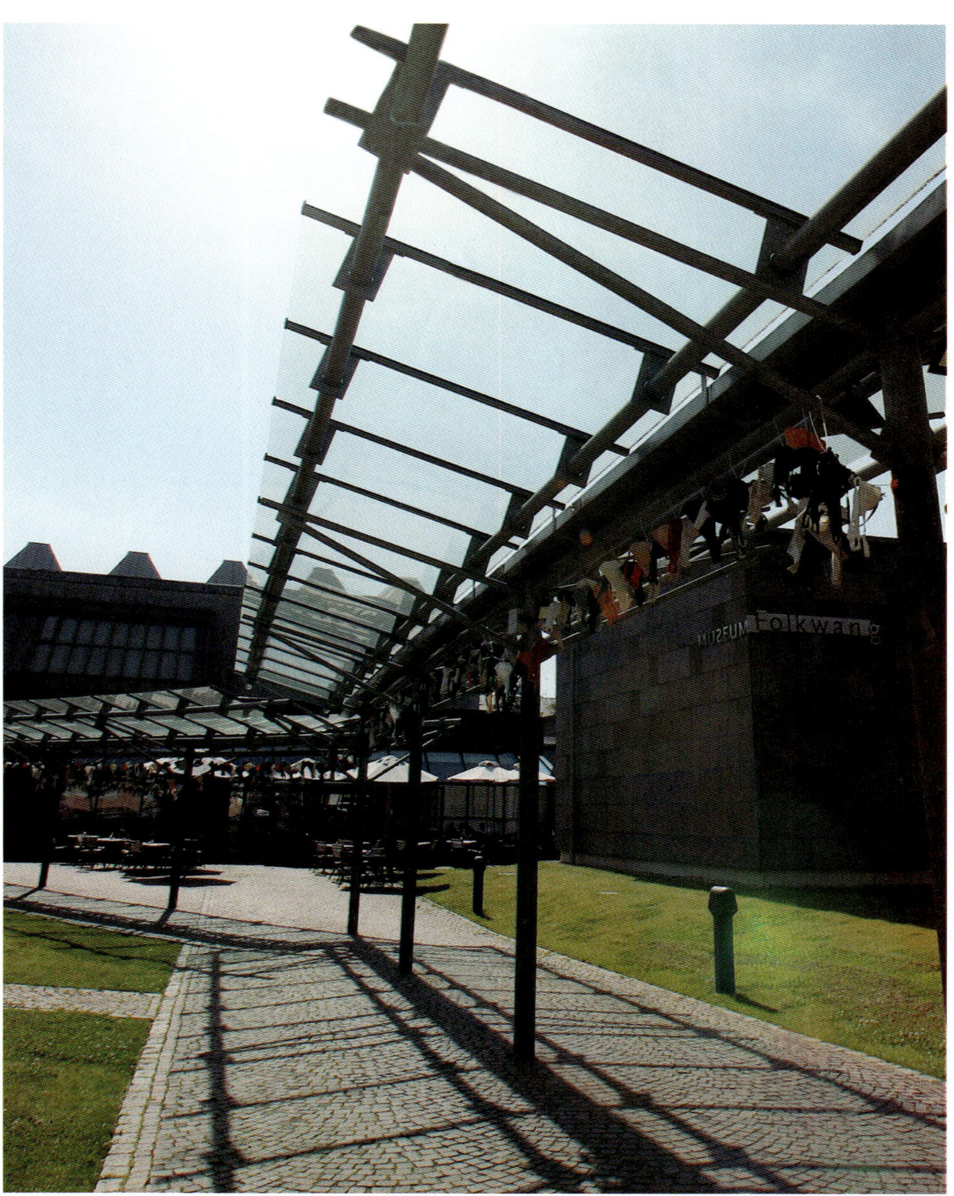
MUSEUM Folkwang

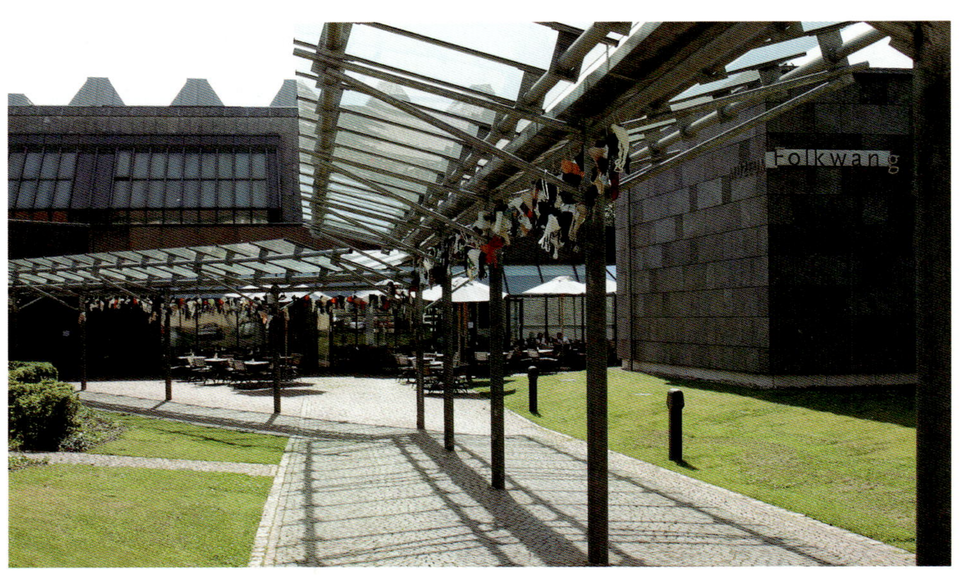

Folkwang

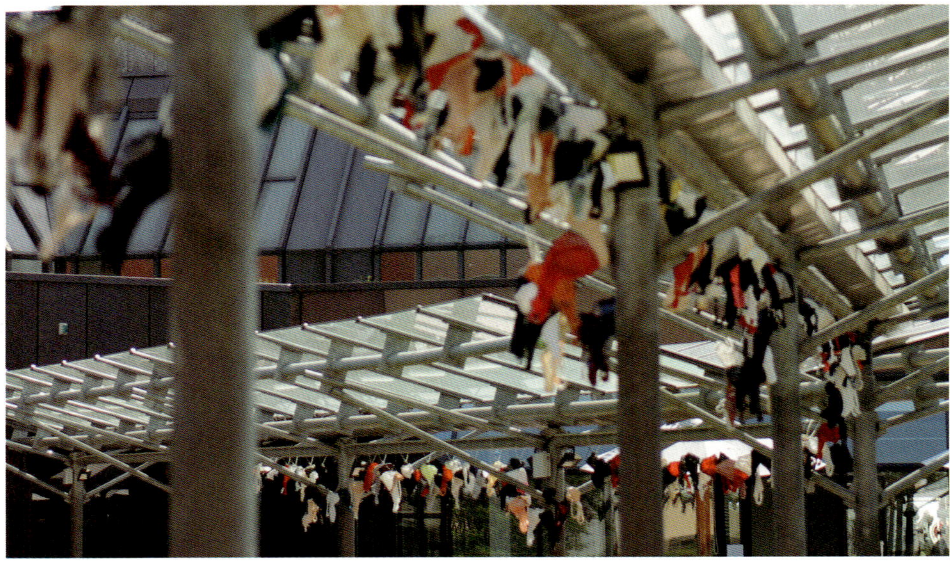

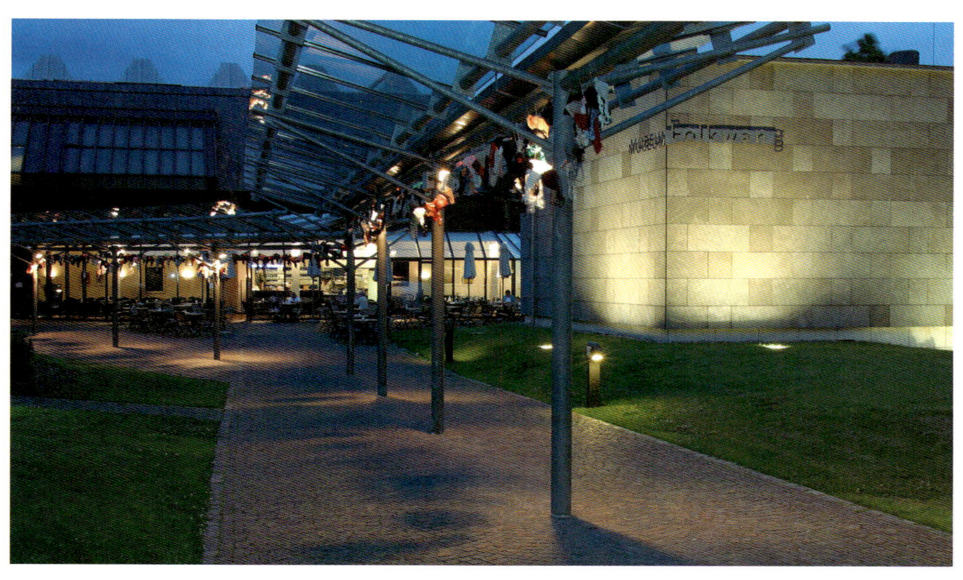

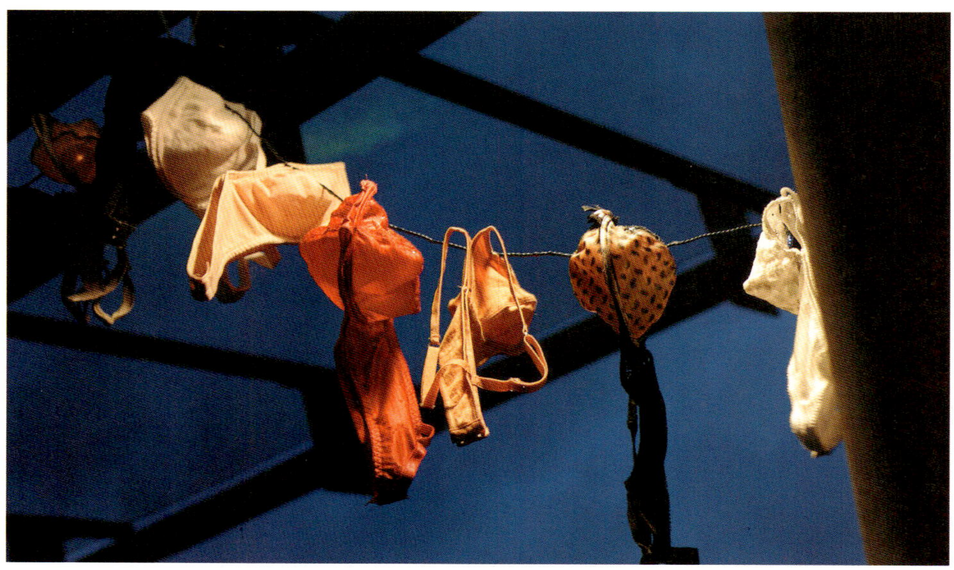

ISKENDER YEDILER ☞ **PROJEKTBESCHREIBUNG**

Mein Beitrag für die Ausstellung »Private Öffentlichkeit« wurde nach mehreren Überlegungen für die Vitrine der Kundenzentrale der EVAG Essen, im Hauptbahnhof konzipiert. Zu diesem Zweck habe ich, inspiriert durch Busfahrer aus anderen Ländern, die oft lustige, kitschige oder eben sehr private Gegenstände wie Spielzeuge, Fotos, Heiligenbilder etc. auf ihrer Fahrerablage mitführen, 30 verschiedene Fotorahmen und Bilderhalterungen aus Thailand und Vietnam mitgebracht. In diese konnten EVAG-Mitarbeiter aus Essen Familienfotos, Portraits oder irgendwelche Lieblingsbilder von Haustieren, Sportlern, Vereinen usw. anbringen. Dadurch sollte ein wenig mehr Privates, Persönliches im Sinne der Ausstellungskonzeption an die Öffentlichkeit treten.

Iskender Yediler

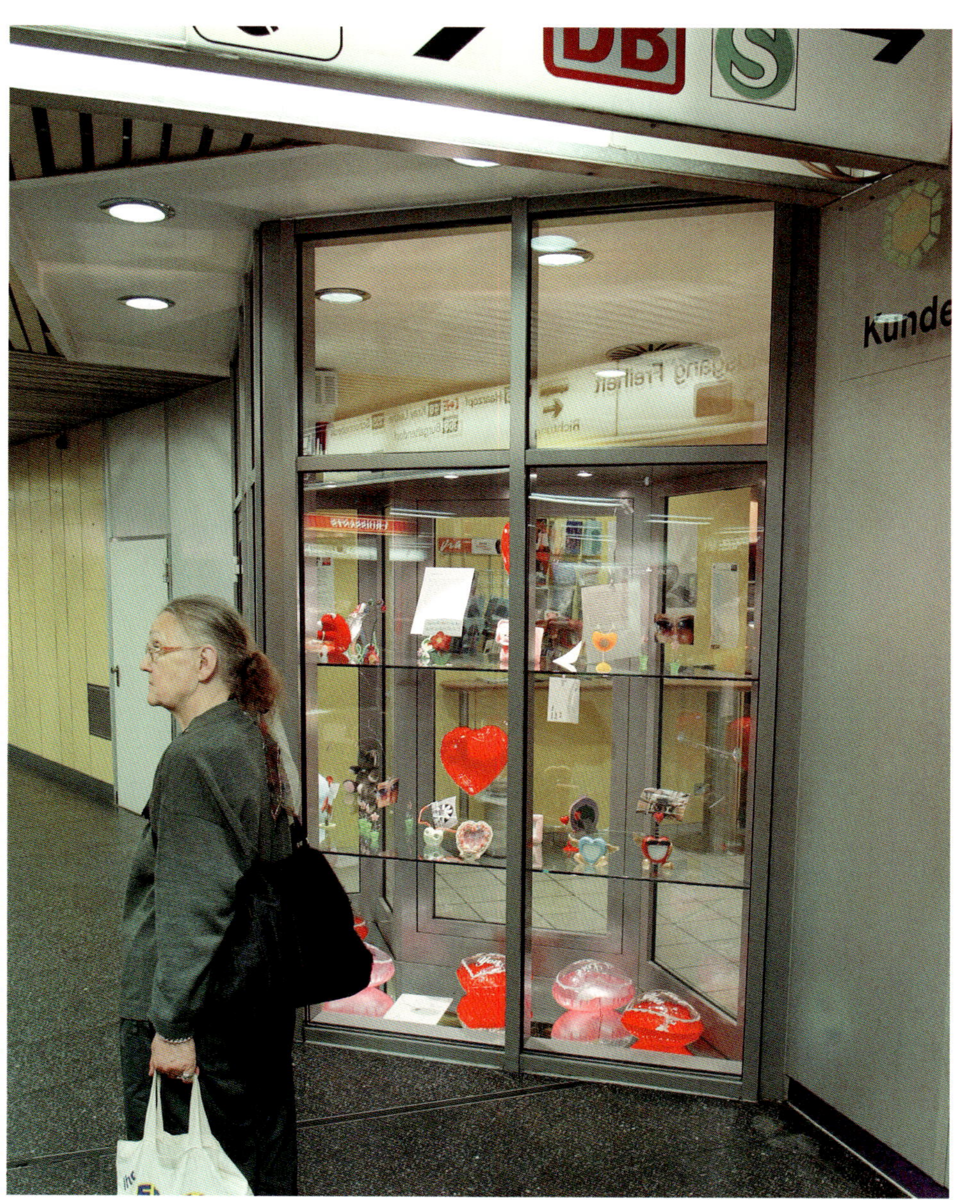

DB
S
kunde

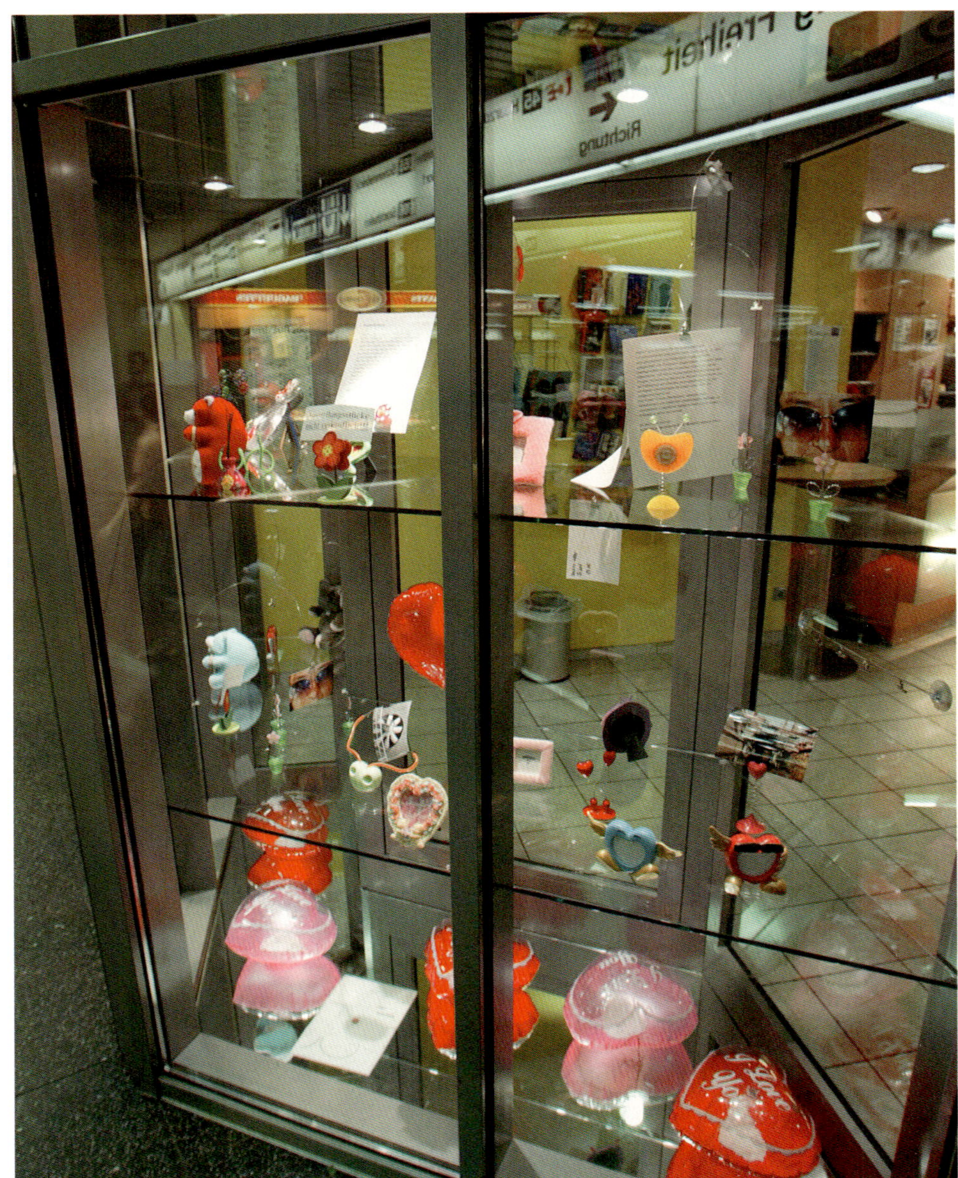

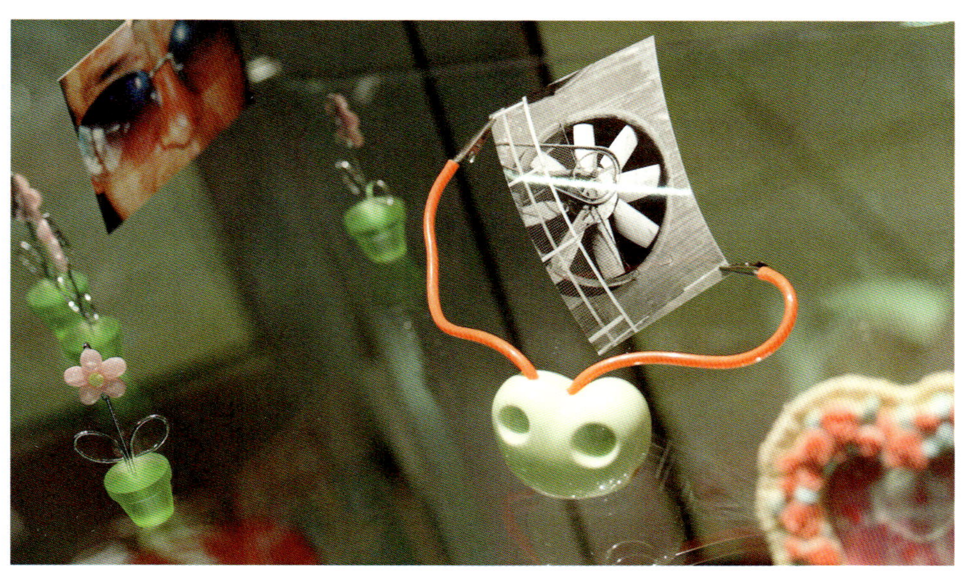

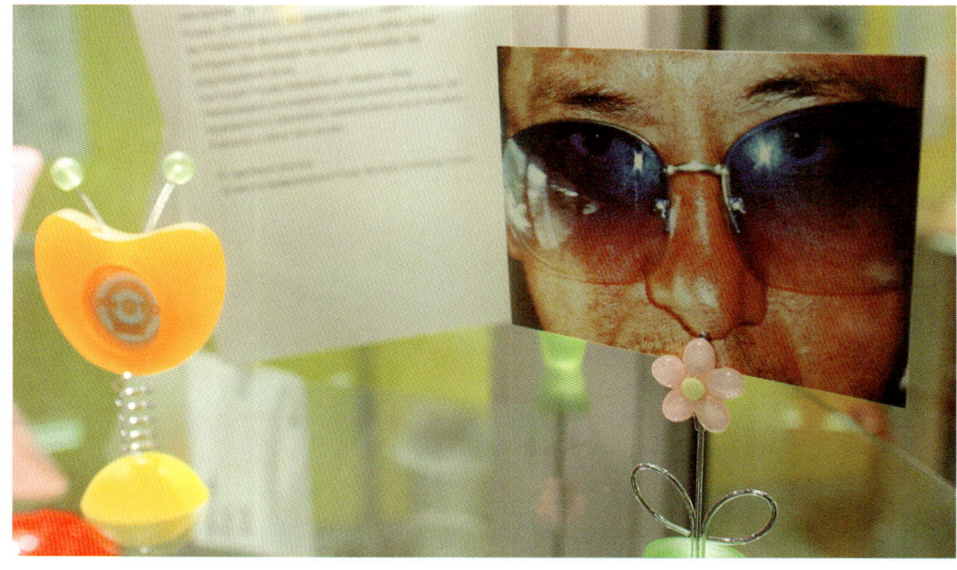

SCHÜLER DER GESAMTSCHULE SÜD ☛ **PROJEKTBESCHREIBUNG**

1. Fahrendes Wohnzimmer
Der hintere Teil eines Busses wurde zu einem Wohnzimmer umfunktioniert. Sitze wurden mit
Kissen, Stoffen und Polstern ausgestattet, es wurde ein Teppich ausgelegt. Typische Wohnzim-
meraccessoires vervollständigten die Atmosphäre: Bilder, Blumen, Lampen, Gardinen, Tisch,
Regal ...
Eine private, persönliche Situation wurde in die Öffentlichkeit getragen, individueller Ge-
schmack und Stil – die Wohnzimmereinrichtung – wurde jedem, der es sehen wollte, präsentiert.
Intimität, die sonst nur Familie und Freunde geboten bekommen, wurde zum Guckkasten und
setzte sich somit auch einer öffentlichen Bewertung aus.
Eine Idee von Henrike Groeger, Sandra Manderscheid, Jennifer Brings und Jana Wirtz

2. Adam und Eva im (Bus-) Paradies
In einem abgetrennten Teil des Busses wurde das Paradies nachgebildet. Äste, Blätter und
Blumen sollten einen Urwald darstellen. Inmitten dieser nachgebildeten Natur befanden sich
Adam und Eva (zwei Schaufensterpuppen) und natürlich die Schlange nicht zu vergessen.
Die Projektidee geht an die Anfänge der Menschheit zurück. Seit Adam und Eva ist der Mensch
immer öffentlicher geworden, die Privatheit erlebte einen immer größeren Verlust.
Die Darstellung des Körpers hat sich ebenso geändert, von natürlicher Nacktheit zu künstlicher
Verschlossenheit. Die Gesellschaft gibt sich frei und offen, ist aber eigentlich verklemmt.
Jedes kleine Problem, jeder Skandal wird an die Öffentlichkeit gezehrt, natürliche Nacktheit
aber wird zum Tabu. Es gibt nur kommerzielle Vermarktung und künstliche zur Schaustellung.
Eine Idee von Johanna Rath, Dustin Schütt und Annika Malone

Gesamtschule Süd
Grundkurs Kunst, Klasse 11c
Heike Kensy – Rinas (Kunstlehrerin)

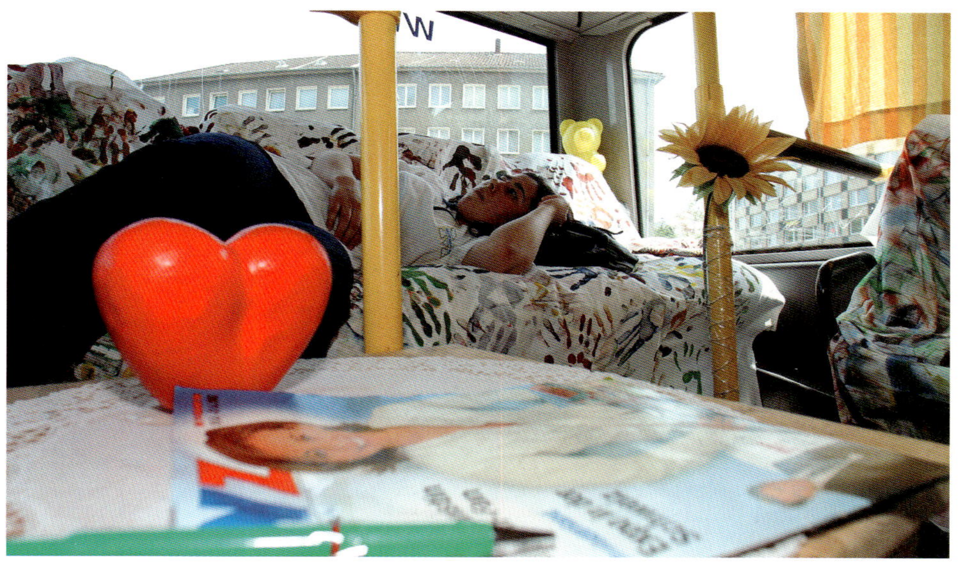

Fahrendes Wohnzimmer

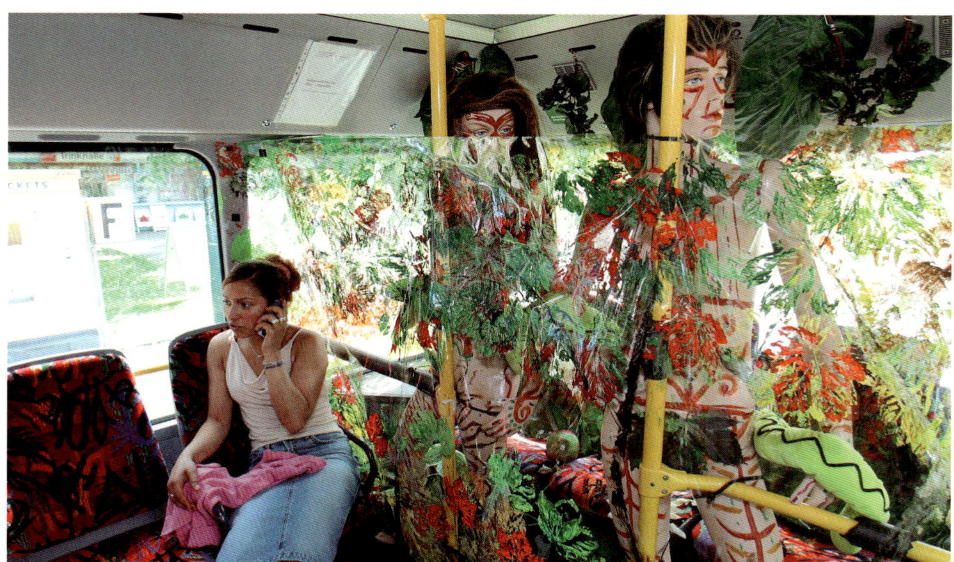

Adam und Eva im (Bus-) Paradies

THOMAS BAYRLE

1937	geboren in Berlin
	lebt und arbeitet in Frankfurt a. M.

EINZELAUSSTELLUNGEN (Auswahl)

1997	»Works«, City Art Museum, Koriyama, Japan
	»Works«, Academy of Art and Design, Peking
	»TassenTassen«, Museum für Moderne Kunst, Frankfurt
1998	»Dolly Animation«, Galerie Francesca Pia, Bern
1999	Thomas Bayrle, Barbara Weiss, Berlin
2000	»flying home«, Museum in Progress, Wien
2001	»Kartoffelzähler«, Johann Widauer, Innsbruck
	Layout, CCA, Kitakyushu, Japan
	»Thomas Bayrle / Bodys Isek Kingelez«, Museum Ludwig, Köln
2002	»Helvetica 12pt«, Grazer Kunstverein, Graz
	Städel Museum, Frankfurt
	Museum in Progress, Wien, Süddeutsche Zeitung

GRUPPENAUSSTELLUNGEN (Auswahl)

2000	»Herausforderung Tier«, Städtische Galerie, Karlsruhe
	»out of space«, Kölnischer Kunstverein, Köln
	»Frankfurter Kreuz«, Schirn Kunsthalle, Frankfurt
2002	»Shopping«, Schirn Kunsthalle, Frankfurt, Tate Liverpool
	»Europaweit: Kunst der 60er Jahre«, Städtische Galerie, Karlsruhe
	»Private Öffentlichkeit«, Städtische Galerie im Museum Folkwang, Essen

GUILLAUME BIJL

1946	geboren in Antwerpen
	lebt und arbeitet in Antwerpen

EINZELAUSSTELLUNGEN (Auswahl)

1981	Paleis voor Schone Kunsten, Brüssel
1985	Stedelijk Museum, Amsterdam
1986	Kölnischer Kunstverein, Köln
1988	Galerie Maeght, Paris
1989	Le Magazin, Grenoble
1990	Witte De With, Rotterdam
1991	New Museum, New York
1993	Wiener Secession
1996	Musée d'art contemporain, Montreal
1997	Arken Museum, Kopenhagen
1998	Neue Galerie, Graz
2002	Galerie Annie Gantils, Antwerpen

GRUPPENAUSSTELLUNGEN (Auswahl)

1982	Biennale Paris
1988	Biennale Venedig
1992	Biennale Sydney
	documenta IX, Kassel
1998	Archiv X, Linz
2000	»Souvenirs of the 20th century«, Museum, South London Gallery, London
	»James Ensor in Oostende«, Video, Museum of Arts, Antwerpen
	»Wahlkabinen-Museum«, Ex Lux, Kunsthalle Tirol, Innsbruck
2001	»Museum der 60er Jahre«, Städtische Galerie, Nordhorn
2002	Museum of the Duke & Theater, Watou
	»Private Öffentlichkeit«, Städtische Galerie im Museum Folkwang, Essen

REZA KHAEEF

1961	geboren im Iran
	lebt und arbeitet in Essen

AUSSTELLUNGEN (Auswahl):

1988,1990, 1992	Gemeinschaftsausstellung, Museum Bochum
1990	»Projekt Wald«, Ludwig-Kessing-Park, Essen
1991	»Baumprothese«, Forum Bildender Künstler, Essen
1992	»Notausgang«, Rauminstallation, Forum Bildender Künstler, Essen
1994	»Boden«, Rauminstallation, Forum Bildender Künstler, Essen
1992,93,94,96,97,2001	Kunstausstellung NRW, Düsseldorf
2002	»Private Öffentlichkeit«, Städtische Galerie im Museum Folkwang, Essen

KIRSTEN KRÜGER

1966	geboren in Lübeck
	lebt und arbeitet in Düsseldorf

EINZELAUSSTELLUNGEN (Auswahl)

1996	»Des Wanderers ziehender Blick", Galerie Fruchtig, Frankfurt a. M.
1998	»Die Nacht", Raum X, Düsseldorf
2000	Prima Kunst e.v., Kiel Simon Spiekermann Galerie, Düsseldorf

GRUPPENAUSSTELLUNGEN (Auswahl)

1995	»Inszenierte Fotografie«, Treffpunkt Rote Brühl, Stuttgart
1996	Austauschausstellung, Kunstakademie Dresden
1997	»Letzter Tag«, Schießstr. 40, Düsseldorf »Saldo«, Kunstmuseum Düsseldorf
1998	»5th Grammercy International, New York«, Aubase, New York SITE Ausstellungsraum, Düsseldorf
1999	»Strukturveränderungen«, Deutsch-Französisches Kunst Forum d'Art Franco-Allemand, Château Vaudrémont, »Schichtwechsel«, Kunstmuseum Ahlen
2001	»Trendwände«, Kunstraum Düsseldorf
2002	»Private Öffentlchkeit«, Städtische Galerie im Museum Folkwang, Essen

CHRISTIANE MÖBUS

1947 geboren in Celle
lebt und arbeitet in Hannover, Berlin und unterwegs
seit 1990 Professur an der Universität der Künste
Berlin

AUSSTELLUNGEN (Auswahl)

1994 Kunstverein Ludwigsburg
Galerie Defet, Nürnberg
Kunstverein Braunschweig
1995 Galerie Anselm Dreher, Berlin
1996 Galerie Mueller-Roth, Stuttgart
Berlinische Galerie, Martin-Gropius-Bau, Berlin
1997 Galerie Rupert Walser, München
Kunstverein Hannover
Corcoran Gallery of Art, Washington, D.C.
1998 Zugspitzgipfel, Bayer. Zugspitzbahn AG,
in Zusammenarbeit mit der Kunsthalle Nürnberg
2001 Kunstverein Grafschaft Bentheim, Neuenhaus
2002 »Private Öffentlichkeit«, Städtische Galerie im
Museum Folkwang, Essen

MICHAEL REITER

1952 geboren in München
lebt und arbeitet in Frankfurt a. M.

EINZELAUSSTELLUNGEN (Auswahl)

1990 Galerie Daniel Buchholz, Köln
Galerie Ryszard Varisella, Frankfurt a. M.
Kunsthalle Luzern
»RENTA-Preis«, Foyer der Norishalle, Nürnberg
1991 Städtische Galerie, Ravensburg
1992 Galerie Sties, Frankfurt a. M.
Galerie Näke, Nürnberg
ACR Galerie, Eltville
1994 Galerie Näke, Nürnberg
1995 Ausstellungshalle Zoo, Frankfurt a. M.,
mit Harald Pompl
Galerie Lauter, Mannheim, mit Hide Nasu
Albrecht-Dürer-Gesellschaft,
Nürnberger Kunstverein
1996 Galerie Martina Detterer, Frankfurt a. M.
2000 Galerie Martina Detterer, Frankfurt a. M.

GRUPPENAUSSTELUNGEN (Auswahl)

2000 »Kleine Formate«, Galerie Martina Detterer,
Frankfurt a. Main
2001 »20 Jahre Frisch Gestrichen«,
Kunstraum Sterngasse, Nürnberg
»Kleine Formate«, Galerie Martina Detterer,
Frankfurt a. M.
2002 »Private Öffentlichkeit«, Städtische Galerie im
Museum Folkwang, Essen

MATTHIAS SCHAMP

1964	geboren in Bochum, aufgewachsen in Krefeld
	lebt und arbeitet in Essen und Bochum

EINZELAUSSTELLUNGEN (Auswahl)

1995	Neue Kunst im Hagenbucher, Heilbronn
1998	Förderverein für Aktuelle Kunst, Münster
1999	»Perron 1«, Gemeentelijk Expositieruimte,
	Delden NL
2000	Dortmunder Kunstverein
2001	Waygood Gallery, Newcastle

GRUPPENAUSSTELLUNGEN (Auswahl)

1992	»Junge Kunst im Ruhrgebiet«,
	Städtische Galerie, Gladbeck
	»Installationen in Schaufenstern«,
	Kunstverein Siegen
1992	»SSTELL«, Projekt Raum Zürich
1996	»Ortstermin«, Forum Kunst, Weilheim
1997	»Künstler als Organisatoren«, Peripherie, Tübingen
1998	»Schnittstellen – Wissenschaft und Kunst
	im Dialog«, Archäologisches Museum, Münster
2000	»6-Tage Oper«, Europäisches Festival für
	Kammermusik und Musiktheater
2000	Bildhauersymposium, Freckenhorst
2001	»Areale Neukölln«, Kulturamt Neukölln, Berlin
2002	»Private Öffentlichkeit«, Städtische Galerie im
	Museum Folkwang, Essen

ANJA SCHREY

1967	geboren in Viersen
	lebt und arbeitet in Düsseldorf

AUSSTELLUNGEN

1994	Galerie im Park, Viersen
1995	Aachener Kunstverein
	Internationale Kunstausstellung Hiroshima
1997	»Ida-Gerhardi-Preis«, Lüdenscheid
1999	Zwischenraum-Galerie, Münster
2000	»Hanky Paintings«, Galerie von der Milwe,
	Aachen (E)
	Stipendiatenausstellung Schloss Ringenberg,
	Hamminkeln
	»Threesome«, Begane Grond, Utrecht
	»Trendwände«, Kunstraum Düsseldorf
2001	»Interieur – Exterieur«,
	Galerie Six Friedrich & Lisa Ungar, München
	»Attention please«´,
	Leopold-Hoesch-Museum, Düren
	Badischer Kunstpreis, Museum Baden, Solingen
	»Big Jim and friends«,
	Förderverein Aktuelle Kunst, Münster
	»Everything is alright«, Galerie enders-projects,
	Frankfurt a. M. (mit Maria Pask) (E)
	»No Dogma«, Galerie Hoffmann, Paris
2002	Projekt »hell-gruen«, Euroga, Düsseldorf
	»Private Öffentlichkeit«, Städtische Galerie im
	Museum Folkwang, Essen

E = Einzelausstellung

KIKI SMITH

1954   geboren in Nürnberg
lebt und arbeitet in New York

EINZELAUSSTELLUNGEN (Auswahl)

2000   »Geneviève and the Wolves«,
Shoshana Wayne Gallery, Santa Monica
»Realm«, John Berggruen Gallery, San Francisco

2001   »Recent Editions«, Pace/Prints, New York
»Telling Tales«, International Center of Photography, New York
»Kleine Skulpturen und große Zeichnungen«, Ulmer Museum, Ulm
»Portraits«, Pace / MacGill Gallery, New York
Galerie M + R Fricke, Düsseldorf

2002   »Realms«, PaceWildenstein, New York
»Private Öffentlichkeit«, Städtische Galerie im Museum Folkwang, Essen

JULIA WIRXEL

1973   geboren in Oberhausen
lebt und arbeitet in Essen

AUSSTELLUNGEN (Auswahl)

1997   »Zeigung«, Zeche Zollverein, Essen

1999   »NULL(Stelle)«, Galerie Lygnaß, Herne

2000   GAPart-Projekt Pdeta, Essen
»Sichtwerk 01«, Zeche Zollverein, Essen

2001   Examenspräsentation, Kunsthaus Essen
»Sichtwerk 02«, Zeche Zollverein, Essen

2002   »Private Öffentlichkeit«, Städtische Galerie im Museum Folkwang, Essen

ISKENDER YEDILER

1953   geboren in Eskisehir/Türkei
        lebt und arbeitet in Köln

EINZELAUSSTELLUNGEN (Auswahl)

1998   Galerie Christian Nagel, Köln
        »Quasi dichotomatische Angelegenheit«,
        mit Ulrich Strothjohann)
1999   Rheinisches Landesmuseum, Bonn
        Galerie Saro León, Las Palmas, Gran Canaria
2000   »Intervention Nr. 20«, Sprengel Museum, Hannover
2001   Kunstverein Heilbronn
2002   Forum Kunst, Rottweil

GRUPPENAUSSTELLUNGEN (Auswahl)

1998   »When Season becomes Form«,
        Ausstellungraum Allianz-Versicherungs-AG, Köln
1999   »Iskorpit« (aktuelle Kunst aus Istanbul),
        Badischer Kunstverein, Karlsruhe
        »Renania Libre«, Galerie Helga de Alvear, Madrid
        »Jubel Preise«, Produzentengalerie, Kassel
2000   »eight days a week«, Bluecoat Gallery, Liverpool
        »German Art in Moscow«,
        Zentrales Haus der Kunst, Moskau
        »small sizes mixed«, Kunstverein kjubh, Köln
        »Finissage 1999/2000«, U.N.I. Projekt,
        Schnitt Ausstellungsraum, Köln,
        und bei Wiensowski & Harbord, Berlin
2001   »Objekte & Skulpturen«,
        Künstlerverein Malkasten, Düsseldorf
2002   »Private Öffentlichkeit«, Städtische Galerie im
        Museum Folkwang, Essen

IMPRESSUM

Katalog zur Ausstellung: »Private Öffentlichkeit«

Ein Projekt der Mobilen Städtischen Galerie im Museum Folkwang im öffentlichen Raum aus Anlass des Stadtjubiläums 2002 »1150 Jahre Stift und Stadt Essen«

Herausgeber: Mobile Städtische Galerie im Museum Folkwang, Essen
Kurator: Necmi Sönmez
Autoren: Hubertus Butin, Astrid Haas, Wolfgang Meyer, Jens Schröter, Necmi Sönmez

Redaktion: Necmi Sönmez
Redaktionelle Mitarbeit: Astrid Haas, Dorothea Pauls-Wimmer
Sekretariat: Sandra Zurek

Gestaltung: formwechsel.de

Die Buchhandelsausgabe erscheint im Richter Verlag, Düsseldorf
ISBN 3-933807-76-x
Auflage: 1000 Exemplare

Sponsoren der Ausstellung:
EVAG, Essen
Stadtjubiläum 2002 »1150 Jahre Stift und Stadt Essen«
Das Projekt und die Publikation wurden freundlicherweise durch die Stiftung Kunst und Kultur des Landes NRW gefördert.

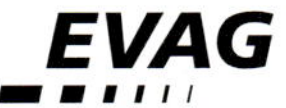

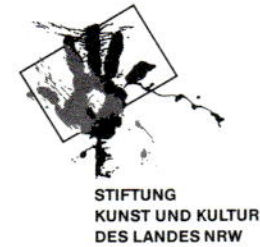